Thomas Bindernagel

40 Wochen oder so

Über den Autor

Thomas Bindernagel lebt mit seiner Familie in Berlin und schreibt, seit er schreiben kann. Erst Comicsprechblasen und Kurzgeschichten, später seine Magisterarbeit und Werbetexte. Schließlich dieses Buch. Wahrscheinlich wird er noch ewig weiterschreiben.

Über das Buch

Die Schwangerschaft: 40 Wochen voller Vorfreude, Baby-Shopping-Touren, und Glückseligkeit… von wegen! Jetzt packt ein zweifacher Vater aus, wie es sich zwischen Sex-Frust und schwiegermütterlichen Ratschlägen tatsächlich anfühlt, „mitschwanger" zu sein. In 41 Episoden, von witzig bis tiefgründig, erlebt der Leser die Höhe- und Tiefpunkte einer Schwangerschaft, die nicht nach Lehrbuch verläuft.

40 Wochen oder so – das ideale Geschenk für werdende Eltern und alle, die es bald sein möchten.

Thomas Bindernagel

40 Wochen oder so

Ein Episodenroman über die Schwangerschaft aus Männerperspektive

1. Auflage

Verlegt 2016 durch:
Thomas Bindernagel
Friedenfelser Strasse 19
12279 Berlin
ich@thomasbindernagel.de

Herstellung und Druck: Createspace
Titelfoto: Yvonne Tunger

ISBN-13: 978-3000530760

ISBN-10: 3000530762

Für die Eine

Woche 01 – Der Plan

Wir haben beschlossen, schwanger zu werden. Isabelle ist die Frau meines Lebens und ich kann mir nichts Schöneres vorstellen, als eine richtige echte Familie mit ihr zu haben. Glücklicherweise sieht sie es genauso. Isabelle zieht viel von ihrer Entschlossenheit und ihrem Durchsetzungsvermögen aus dem Glauben an einen vorher sorgfältig ausgearbeiteten Plan. Ich hingegen lebe ja mehr so in den Tag hinein und glaube fest daran, dass man das meiste ja eh nicht beeinflussen kann und vieles einfach so passiert. Natürlich findet sich ihr Ansatz viel häufiger in Erfolgsgeschichten und schlauen Büchern wieder. Aber dafür scheint mir meine Sichtweise weniger anstrengend und auf Stehparty-Smalltalks auch unterhaltsamer zu sein. Da die Brut aber nun einmal in ihrem Leib heranwachsen wird, gibt es einen unglaublich komplexen Masterplan für den Weg in die Schwangerschaft. Trotz jahrelang erprobter Ausweichmechanismen und Abwehrmaßnahmen meinerseits scheine auch ich dabei ein wesentlicher Bestandteil zu sein. Ich bin gespannt.

Was den Akt der Zeugung betrifft, so scheint das mir und meinen Geschlechtsgenossen der bei weitem spaßigste Teil der Angelegenheit zu sein. Für Isabelle ist es jedoch auch ein fundamentaler Bestandteil des großen Masterplans und will deshalb vorausschauend vorbereitet sein. In meiner so sympathischen Naivität denke ich, dass man den Akt sicherlich mindestens 5-

10 mal pro Woche üben muss, damit dann am Eisprungtag – dem sogenannten E-Day – auch alles glattläuft. Doch leider folgt Isabelle einer angeblich medizinisch fundierten, nichtsdestotrotz aber völlig abzulehnenden Theorie, nach der die Spermien erst nach einer gewissen Zeit der Abstinenz die richtige Qualität haben. Während meine geliebte und hochgradig attraktive Verlobte nun also spärlich bekleidet durch den Berliner Frühsommer schwebt, produziere ich Testosteron für die halbe Tour de France und frage mich zum ersten Mal, ob hier nicht vielleicht irgendwas schiefläuft.

„Der März wäre doch ein toller Monat für die Geburt!“ lacht mich Isabelle an und ich gebe ihr Recht. Wir sind im März ein Paar geworden, haben uns im März verlobt und der März ist auch noch annähernd frei was Geburtstage von Familie und engen Freunden angeht. Ich versuche sie dennoch zu beschwichtigen. Wann genau es denn nun klappen würde und wann das Baby käme, sei doch eigentlich egal. So exakt könne man das nicht planen und Mutter Natur trifft ihre eigenen Entscheidungen und so weiter und so fort. Aber Mutter Natur hat die Klappe zu halten, wenn Isabelle einen Plan hat. Akribisch rechnet sie aus, wann sie in der wievielten Woche wäre, auf welchen Tag der Geburtstermin fiele und wie alt das Kind bei der Einschulung sein würde. Da Isabelles Planungswut stärker als die Natur ist, weiß meine Herzdame übrigens auch minutengenau, wann sie ihren Eisprung hat. Und so legt sie fest, dass der hoffentlich erfolgreiche Zeugungsakt in exakt zwei Wochen vollzogen wird.

Da Isabelles Masterplan keine Diskussionsgrundlage, sondern eher ein Dogma ist, füge ich mich ihrem Wunsch und lege mich zu einem kleinen Schläfchen hin, solange ich das noch ohne Babygeschrei tun kann. Isabelle hingegen macht sich auf den Weg zur Apotheke, um allerlei kräuterbasierte Tröpfchen zu holen, die angeblich die Fruchtbarkeit oder Empfängniswahrscheinlichkeit erhöhen. Ich bin zwar der festen Überzeugung, dass nichts von diesen Maßnahmen wirklich etwas nützt, aber ich kann es auch nicht beweisen und lasse ihr den Spaß. Pflichtbewusst frage ich, ob ich ihr derweil noch irgendwie helfen kann. „Nein, bleib ruhig liegen. Ich komm gleich zu dir. Schließlich dürfen die Spermien auch nicht zu alt sein.“ sagt sie und lächelt verführerisch. Scheinbar läuft hier einiges auch sehr richtig.

Woche 02 – Wahrscheinlichkeiten

„Leider waren die Eileiter nicht durchlässig und auch Ihre Gebärmutter sieht nicht so aus wie sie sollte.“ Der Arzt im Krankenhaus steht an Isabelles Bett und sagt uns das, was wir schon wussten oder zumindest ahnten. Die Wahrscheinlichkeit, dass Isabelle schwanger wird, sinkt mit jedem Satz des Mediziners. Das Alter, die Befunde, die Deformierungen. In Isabelles Augen sehe ich nur Traurigkeit, wo Glück sein sollte. Gerade weil sie so penibel plant, hat sie alles Mögliche an sich durchchecken lassen und erntet nun den undankbaren Lohn für ihre Gewissenhaftigkeit. Der Arzt allerdings scheint seltsam fröhlich. Er sagt, das heiße alles nicht unbedingt etwas Schlimmes. Wir sollten es einfach ganz normal probieren. Vielleicht hat er recht, vielleicht versucht er auch nur ungeschickt, uns Mut zu machen. Auf Isabelle hat das jedenfalls keinen Effekt. Als der Arzt das Zimmer verlässt, sagt sie nur: „Der hat wahrscheinlich gerade ne Krankenschwester in der Abstellkammer gevögelt.“ In Momenten großer Niedergeschlagenheit flüchten viele Menschen sich in Aggressionen. Isabelle normalerweise nicht. Dass sie es diesmal tut, zeigt mir, wie traurig sie ist.

Es gab nicht viel in Isabelles Leben, das darauf hindeutete, dass sie sich jemals für Kinder entscheiden würde. Umso unglaublicher finde ich es bis heute, dass ausgerechnet ich der Auslöser gewesen bin, warum sie es dann doch tat. Alles fühle sich richtig an.

Sie sei angekommen. Zuhause. Doch das Schicksal schlägt immer dann am härtesten zu, wenn die eigene Deckung für einen Moment unten ist. Als Isabelle es zuließ, dass so etwas wie Familie, Kinder und persönliches Glück ihr Denken bestimmte, schien ihr Körper es ihr verwehren zu wollen. Als wir nach dem Krankenhausaufenthalt nach Hause zurückkehren, fühlt sich bei uns beiden alles sehr kalt und unbehaglich an. Es scheint, als habe man uns das genommen, worauf wir uns beide so gefreut haben. Obwohl es immer noch eine Chance gibt, glauben wir nicht mehr daran, dass jemals Kinderlachen unser Leben bereichern wird.

Einige Tage darauf folgen wir der Einladung eines befreundeten Pärchens zum Abendessen. Plötzlich baut sich der Gastgeber, mein alter Schulfreund Micha, bedeutungsvoll vor uns auf und verkündet, er habe etwas mitzuteilen. Daraufhin streichelt er seiner Frau Sarah über den leicht gewölbten Bauch und grinst. Ich schaue zu Isabelle hinüber und bin mir unsicher, wie sie ausgerechnet jetzt auf diese Nachricht reagiert. Doch zu meinem Verwundern lacht sie überschwänglich und freut sich ehrlich für die beiden. Das Entscheidende an Sarahs Schwangerschaft ist nämlich, dass die beiden aus bestimmten Gründen nur eine minimale Chance auf ein Kind hatten und es viele Male für unfassbar viel Geld im Labor versuchen mussten. Als die meisten anderen wohl schon aufgegeben hätten, kramten die beiden ihr letztes Geld zusammen und nun hatte es endlich geklappt. Ich kenne niemanden auf der Welt, dem ich ein Baby mehr gönnen würde als den beiden. Außer Isabelle.

Auf der Rückfahrt vom Abendessen mit den werdenden Eltern spreche ich Isabelle nochmals auf ihre überraschend große Freude an, die sie zum Ausdruck brachte, als Micha den Bauch seiner Frau tätschelte. Es scheint, als ob der Erfolg der beiden Isabelle Mut gemacht hat. Wenn es bei den beiden trotz allergeringster Wahrscheinlichkeit geklappt hatte, dann könnte es doch auch bei uns funktionieren. Vielleicht hatte der Arzt ja doch Recht. Vielleicht hatte er gar keine Schwester gevögelt, sondern einfach nur eine optimistische Einstellung oder entsprechende Erfahrungen aus seinen Dienstjahren. So langsam kehrt das alte Leuchten in Isabelles Augen zurück.

Woche 03 – E-Day

Argwöhnisch beäugt der General die Karte vor ihm. Schwieriges Gelände. Der Feind könnte überall hocken. Das wird Verluste geben. Hohe Verluste. Ein Offizier des Stabes hatte nur eine Erfolgswahrscheinlichkeit von maximal 10% errechnet. Pah, feiges Schreibstubenpack! Seine Jungs würden das packen. Es sind die besten 500 Millionen Soldaten, die seine Kasernen zu bieten haben. Morgen früh würde es losgehen und sie würden nicht aufhören, bis der feindliche Bunker geknackt und das Paket gesichert wäre – oder alle bei dem Versuch zugrunde gehen.

In den späten Morgenstunden wird die erste Angriffswelle mit Hilfe des Sturmboots an die Front geschwemmt. Schon jetzt dezimiert das schlammige und klebrige Gelände die Zahl der einsatzfähigen Truppen beachtlich. Der junge Leutnant sieht links und rechts von sich die Kameraden fallen. Kameraden, die seit der Rekrutierung bei ihm waren und deren Ausbildung viel Zeit und Aufwand gekostet hatte. Jetzt sinken sie in den Morast und ihre Existenz war völlig umsonst. So will der Leutnant nicht draufgehen. Nicht heute. Nicht an diesem Tag.

Gemeinsam mit Zehntausenden anderen erreicht der Leutnant die Zone G. An diesem Engpass, an dem sich das eh schon unübersichtliche Gelände zu einem Flaschenhals verdichtet, gilt es, einen kühlen Kopf zu bewahren. Hinter der Zone G spaltet sich der weitere

Weg in zwei schmale Gebirgspässe auf. Wählt man den falschen Pass, führt der Weg in den sicheren Tod. Nur nach dem korrekten Pass wartet das eigentliche Ziel: der Bunker E, den alle in der Truppe nur scherzhaft „das Ei“ nennen. So ist das mit verniedlichenden Kosenamen, man gibt sie meist jenen, die man am meisten fürchtet, zum Beispiel Frauen – oder eben diesem teuflischen Bunker.

Blindlings laufen Tausende Soldaten den falschen Weg hoch und sollten nie wieder gesehen werden. Der Leutnant aber erinnert sich an die Einsatzbesprechung und aktiviert den ABC-Sensor seiner Ausrüstung. Tatsächlich! Nur aus einer Richtung empfängt der Sensor Anzeichen von Chemotaxinen. Diese Bastarde schrecken wirklich vor nichts zurück, um sich zu verteidigen. Doch der Einsatz der chemischen Kampfstoffe macht sie auch angreifbarer. Der Leutnant erkennt den richtigen Weg und kämpft sich mit einer Handvoll Getreuen hoch zum Bunker E. Der Pfad verengt sich, immer mehr Kameraden rutschen ab oder brechen entkräftet zusammen. Doch einige wenige schaffen es tatsächlich und sehen sich mit der nächsten Hürde konfrontiert.

Bunker E ist weniger ein Bunker als vielmehr eine Festung. Darauf ist niemand vorbereitet. Die Informationen des Geheimdienstes sind bestenfalls löchrig gewesen. Leider nicht löchrig ist die betonharte Wand, die den Bunker umgibt. Der Leutnant und einige andere setzen alle Gewalt ein, um die Mauer zu durchbrechen und wehren gleichzeitig die Glykos ab – jene treuen Kampfmaschinen, die den Bunker bewachen und die nur mit dem Enzymgewehr auszuschalten sind. Die Munition wird knapp, wieder fallen Tausende. Gibt es überhaupt noch Hoffnung? Der junge Leutnant ist der Verzweiflung nahe. Doch er will nicht sterben. Er will leben. Er will, dass alles einen Sinn macht. Egal, wie unwahrscheinlich es ist. Egal, was es kosten würde. Er will diesen verfluchten Bunker knacken und das Paket zum Brückenkopf in Zone G bringen.

Plötzlich entdeckt der Leutnant einen kleinen Riss in der Bunkerwand. Er robbt zu einem gefallenen Kameraden und nimmt sich dessen Fernglas. Tatsächlich, da an dieser einen Stelle könnte er hindurchschlüpfen. Er fasst allen Mut zusammen und läuft mit letzter Kraft auf den Riss zu. Mit einem Hechtsprung wie aus einem Hollywood-Film passiert er die Lücke und befindet sich tatsächlich als einziger in Bunker E. In diesem Moment spürt er eine heftige Vibration. Der Bunker hat seine Notverriegelung aktiviert. Jetzt würde niemand mehr hineinkommen, er aber auch nicht mehr hinaus. Doch das ist egal. Es zählt nur die Mission. Der Leutnant muss nur noch die Steuerkonsole finden und das Paket zum Brückenkopf befördern.

Langsam löst sich der Teil des Bunkers, der den Soldaten nur als das Paket bekannt war, aus der Verankerung und bewegt sich auf den Pfad nach unten zu. Obwohl der Pfad eigentlich viel zu eng ist, zwängt sich das Paket hindurch und bewegt sich auf Zone G zu. Der Leutnant sinkt entkräftet zu Boden. Er hatte alles gegeben und er war erfolgreich. Ruhm würde er dafür nicht ernten. Den würde der General bekommen oder der Präsident oder wem auch immer in solchen Geschichten der Ruhm zugerechnet wird. Er würde hier einsam sterben. Vielleicht würde er wiedergeboren werden. Doch würde er sich an sich selbst erinnern können?

Woche 04 – Shades of Pink

Ich fahre gerade mit einem Pfannkuchen-Boot auf einem Fluss aus geschmolzener weißer Schokolade, als mich unser knarzendes Bett aus den Träumen reißt. Isabelles Hand tätschelt mir liebevoll, aber für die Tageszeit etwas zu hektisch den freiliegenden Unterarm. Es scheint, als solle ich wachwerden. Reflexartig checke ich die Uhrzeit auf meinem Handy. Vorne steht eine Fünf. Ich blinzle sie im Halbschlaf an und frage pflichtbewusst und umgangskonform: „Isn?“ Isabelle atmet tief ein und antwortet:

„Also du weißt ja, dass ich gestern diesen Test gekauft habe und dass ja heute der frühestmögliche Tag ist, an dem man eine Empfängnis feststellen kann, weil ich ja exakt meinen Eisprung spüre und dann ja rechnen kann zum ersten Tag der folgenden Periode, die ja der Bezugspunkt für den frühestmöglichen Tag ist und da das ja heute ist und man den ersten Urin des Tages nehmen soll und ich eh nicht mehr schlafen kann und gerade sowieso total pinkeln muss, da dachte ich, ich mach jetzt den Test und ich sollte dich ja wecken und es nicht alleine machen und jetzt liegt der da im Bad und jetzt musst du gucken gehen.“

Ich verstehe nur „Tag“, „heute“ und „Pfannkuchen“, reime mir entsprechend das einzig Logische zusammen und sage: „Wenn wir noch Mehl haben gerne.“ Unverständlicherweise wird Isabelles Tätscheln nun grober. „Du musst gucken!“ quiekt sie. Ich verarbeite langsam weitere Wortfragmente ihres

Redeschwalls und trotte ins Bad. Das gleißende Licht blendet mich. Neben dem Waschbecken liegt etwas, das ich zunächst als Fieberthermometer, dann aber blitzschnell als den zentralen Gegenstand meiner Aufgabe interpretiere. Ich nehme das vollgepinkelte Objekt und begutachte es sorgfältig. In einem der Aussparungen auf der Oberfläche ist ein pinkfarbener Streifen zu sehen. In der anderen nur eine weiße Fläche. Ich reiße mich zusammen und zwinge mich, etwas wacher zu werden. Mit tröstendem Blick sage ich Isabelle, dass es wohl nicht geklappt hat. Enttäuscht geht sie ins Bad und kommt aufgeregt wieder heraus. „Da ist doch ein pinker Strich!“ sagt sie. Wir halten den Streifen in mindestens 19 verschiedenen Winkeln gegen diverse Lichtquellen. Ich sehe nach wie vor nichts. Isabelle schon. Traurig, wenn man mit ansehen muss, wie eine hoffnungsfrohe Einbildung selbst bei intelligenten Menschen stärker ist als die deprimierende Wahrheit.

Mein Pfannkuchen-Boot legt gerade an einer Böschung aus Mandelsplittern an, als mich ein viel zu lautes Türenschließen aus meinem Nachmittagsschläfchen reißt. Isabelle ist aus dem Büro zurück und ich stelle mich auf einen eher traurigen Feierabend ein. Doch aus irgendeinem Grund wirkt sie gar nicht traurig. Ich will sie gerade in meine verschlafenen Arme nehmen, da sprudelt sie los:

„Also ich hab mir heute Morgen, als ich mich fertig fürs Büro gemacht habe und du schon wieder eingeschlafen warst, nochmal die Packung des Tests angeguckt und gesehen, dass ich dumme Nuss keinen Frühtest mit hoher Sensibilität gekauft habe, sondern nur einen normalen, der ja heute am frühestmöglichen Tag noch gar nichts anzeigen kann und da bin ich eben vor dem Büro noch in die Apotheke und habe noch einen Test geholt, naja eigentlich sogar zwei, jedenfalls konnte ich aber nicht warten bis zuhause und hab den im Büroklo gemacht und da war aber wieder nichts zu sehen und ich hab ihn in den Müll getan und war ganz traurig, aber ich wollte das einfach nicht akzeptieren und bin nach einer halben Stunde zurück aufs Klo, hab den Test aus dem Müll gefischt und dann sah er so aus!"

Isabelle hält mir einen klar erkennbar positiven Schwangerschaftstest direkt vors linke Auge. Ich kann noch nicht klar denken und hab aus irgendeinem Grund auch schon wieder „Pfannkuchen" verstanden. Mich verwirrt, dass Isabelle sich nicht so recht freut, obwohl diesmal eindeutig zwei pinke Striche zu erkennen sind. Doch sie sagt: „Na toll, jetzt haben wir einen Test, bei dem nur ich was sehe und einen, der erst positiv wurde, als die Normzeit für aussagekräftige Tests schon längst abgelaufen war. Morgen früh machen wir einen dritten Test!"

Am nächsten Morgen, diesmal immerhin erst gegen sieben, setzt Isabelle ihr Vorhaben in die Tat um und schickt mich erneut ins Bad. Diesmal gibt es keinen Zweifel. Sie ist schwanger. „Jup!“ sage ich und gehe in die Küche, um Pfannkuchen zu machen. Isabelle nimmt meinen Arm. Ihre Augen leuchten vor Glück. „Ich bin schwanger!“ sagt sie und erst jetzt wird mir klar, was das eigentlich bedeutet.

Woche 05 – Beim Frauenarzt

Ich halte den allerersten Schwangerschaftstest immer wieder gegen das Licht und versuche, zu ergründen, wie ein halbwegs gesundes Auge darauf einen zweiten pinken Streifen erkennen kann. Ich habe mal von so einer Theorie gelesen, nach der jedes Objekt sich allein dadurch verändert, dass man es betrachtet. Ich habe das nie verstanden, aber es scheint zu stimmen. Allein Isabelles Wille und ihr durchdringender Blick haben dazu geführt, dass der erste Test hauchzart pink wurde. Der zweite Test hatte wohl Panik in dem dunklen Mülleimer auf dem Büroklo und den dritten befiel die nackte Angst vor Isabelles Reaktion, wenn er negativ gewesen wäre. Jedenfalls steht nun der Gang zum Frauenarzt an, um unsere Freude durch einen zuverlässigen Bluttest zu untermauern.

Ich persönlich halte es für selbstverständlich, als Mann mit zum Frauenarzt zu gehen. Auch wenn es im Zuge des Kinderwunsches primär um Isabelles Körper ging und auch in Zukunft natürlich nur ihr Bauch von Belang ist, so betrifft ein Baby immer beide Eltern. Es ist weder eine Errungenschaft der Frau noch ein Verfehlen des Mannes, dass die Austragung von der Natur so rigoros geregelt ist. Ich rege mich immer auf, wenn Mütter für sich das alleinige Recht auf die Schwangerschaft und Geburt beanspruchen. Es ist schlicht falsch und respektlos. Übrigens genauso respektlos wie alle Männer, die sich davor drücken, ihren Beitrag zu leisten – selbst wenn es nur darum geht, nachts zur Tanke zu laufen, um Gummibärchen zu holen oder sich im Krankenhaus grundlos anschreien zu lassen. Zum Glück sind Isabelle und ich da einer Meinung und so sitzen wir brav im Wartezimmer der Frauenärztin und versuchen, uns nichts anmerken zu lassen.

Als wir aufgerufen werden und zum Behandlungszimmer laufen, begrüßt uns die sympathisch wirkende Ärztin sehr unterschiedlich. Während sie Isabelle freundlich die Hand gibt, knallt sie mir die Tür vor der Nase zu. Vielleicht war ich wie so häufig einfach zu langsam oder sie war es nicht gewohnt, dass ein Mann tatsächlich mit reinkommt. Zum Glück stellt sich die deutliche Abweisung als Missverständnis heraus und ich darf auch reingehen, um die freudige Nachricht zu überbringen. Doch zunächst sprudelt die Ärztin unvermittelt los. Sie erzählt von den unauffälligen Hormontests und irgendwelchen Werten, die überprüft worden sind, als vor einigen Wochen festgestellt wurde, dass wir wohl nicht so einfach schwanger werden können. Schmunzelnd unterbrechen wir sie und erwähnen, dass es wohl schon geklappt hat. Statt sich zu freuen, wirkt die Ärztin etwas irritiert. Wir haben wohl ihren sorgsam zurechtgelegten Ablaufplan durcheinandergebracht. Isabelle mag Leute wie die Ärztin. Sie ist professionell und effizient, wirkt freundlich, aber weder aufdringlich noch unangebracht herzlich. In der Regel sind solche Menschen hervorragend in ihren oft anspruchsvollen

Jobs. Nur wenn man sie mit etwas Unvorhergesehenem überrascht, geraten sie manchmal ein klein wenig aus der Spur.

Es dauert nur wenige Sekunden, ehe die Ärztin gedanklich umschaltet. Sie muss nun nicht mehr einem schwierigen Kinderwunschpatienten Mut machen, sondern darf einem Paar in freudiger Erwartung erklären, mit welchen Tests sich nun endgültig Klarheit herbeiführen lässt. Nach einer simplen Blutentnahme gehen wir wieder nach Hause und müssen uns in Geduld üben. Mir persönlich fällt das ja nicht ganz so schwer. Isabelle hingegen ist noch hibbeliger als generell schon. Ich weiß, dass sie innerlich bereits plant und Listen aufstellt und wohl am liebsten schon gleich heute als Nötige einkaufen wollen würde. Ich nehme sie in meine Arme und bemerke ein Leuchten in ihren Augen, dass selbst ich noch nicht so gesehen habe, obwohl unsere kurze gemeinsame Geschichte so voller intensiver Momente war. Ich hatte sie schon als alles Mögliche betrachtet – als erfolgreiche Geschäftsfrau mit Vorbildfunktion, als liebevolle und fürsorgliche Partnerin, die zuhörte und zusprach, als ungeduldige Autofahrerin, als Organisationstalent und als Katastrophe in der Küche. Doch noch nie hatte ich sie als wahren Familienmenschen gesehen. Es schien nicht zu ihr zu passen und war wohl auch nicht in ihrem Lebensentwurf vorgesehen. Doch nun hier in diesem Moment sehe ich Isabelle als Mutter und als Teil meiner kommenden Familie. Dass ich dafür verantwortlich bin, macht mich froh und glücklich. Jetzt darf nur nicht das Schicksal wieder dazwischenfunken.

Wenige Tage später beginnt Isabelle damit, den Sprechstundenhilfen der Frauenärztin systematisch das Leben schwer zu machen. Statt höflich auf den befreienden Anruf zu warten, besteht sie darauf, „das Testergebnis telefonisch zu erfragen“. Und zwar so etwa alle halbe Stunde. Etwa nach dem sechsundzwanzigsten Anruf steht sie still vor mir. „Ich bin wirklich schwanger.“ sagt sie. Dann umarmen wir uns und lassen uns nie wieder los.

Woche 06 – Danke, ich trinke nichts

Manchmal gibt es Vorhaben, bei denen das Timing nicht ganz so optimal ist, wenn sich plötzlich die Gegebenheiten ändern. So will es nämlich der Zufall, dass wir mitsamt meinem Lottchen just in der Woche nach dem entscheidenden Frauenarzttermin zu einem von langer Hand geplanten Kurzurlaub auf dem Land aufbrechen. Das an sich wäre ja nicht so das Problem. Doch ist der Trip gekoppelt an einen Besuch bei Isabelles Vater und dessen Gefolge, die allesamt, wie es sich für den ländlichen Bereich gehört, dem abendlichen Umtrunk nicht abgeneigt sind. Im Normalfall würden wir da zünftig mitbechern, aber nun ist Alkohol ja zumindest für Madame tabu und so gibt es auch eine Ausrede weniger für die Morgenübelkeit, die Isabelle seit neuestem plagt. Zugeben, dass sie schwanger ist, können wir auch nicht, denn auch für uns gilt noch die in Marmor gehauene 12-Wochen-Regel.

Die 12-Wochen-Regel besagt bekanntlich, dass Paare, die ein Kind erwarten, gefälligst die ersten 12 Wochen der Schwangerschaft die Klappe zu halten haben, da der Fötus in dieser Zeit noch sehr instabil zu sein scheint und die Wahrscheinlichkeit, dass etwas schiefläuft, recht hoch ist. Das bedeutet auch für uns, dass wir weder Verwandten und Bekannten etwas sagen können, Isabelle trotzdem aber weder Alkohol trinken noch Mettbrötchen essen darf. Besonders brisant wird diese Aufgabe durch die Anwesenheit meines Lottchens. Es war schon schwer genug für meine fünfjährige Tochter aus einer früheren Beziehung, die turbulenten Veränderungen mit durchzustehen. Ihr nun zu sagen, sie bekäme ein Halb-Geschwisterchen, um sie dann möglicherweise mit einer traurigen Nachricht zu schockieren, würde sie mit Sicherheit nicht verkraften. Also fahren wir mit einer Mischung aus Stress und Aufgeregtheit zu Isabelles Vater und hoffen, dessen väterliche Antennen würden nicht sofort ausschlagen.

Glücklicherweise scheint Daddy nicht unbedingt über irgendwelche Antennen zu verfügen – zumindest nicht was das verdächtige Verhalten seiner Tochter angeht. Bereits am ersten Abend werden kräftige Krüge gereicht, die Isabelle geschickt mit Kopfschmerzen aufgrund der anstrengenden Anreise abzublocken weiß. Beim morgendlichen Frühstück wartet dann die nächste Herausforderung. Als Schwangere soll man nämlich auch keine Rohprodukte wie Mett, Rohschinken, Rohmilchkäse oder Salami essen, weil die angeblich vor gefährlichen Keimen nur so strotzen. Bedauerlicherweise scheint der Frühstückstisch aber komplett aus rohen Tierprodukten zu bestehen. Es ist fast so, als hätte ein Schlachter eine Wanne Innereien auf den Tisch gekippt, so rot leuchten Aufschnitt und Wurst. Isabelle hingegen hat jegliche Farbe verloren, denn sie kämpft mit einem weiteren Phänomen typischer Schwangeren-Befindlichkeiten, nämlich der enormen Geruchsempfindlichkeit. Während ich mir das Mett schmecken lasse, scheint es ihr wohl so, als stünde sie direkt bei besagtem Schlachter, der ihr unentwegt frische Därme unter die Nase hielte. Blitzschnell steht sie auf und entschuldigt sich ins Bad. Für eine Sekunde blickt ihr Vater auf und hält inne. Ahnt er etwas? Spannung knistert. Das Mett bleibt mir im Halse stecken. „Scheint sich was eingefangen zu haben.“ sagt er dann. Es ist so erfreulich, wie wunderbar naiv Männer in solchen Situationen sein können.

Nach einem sonnigen Ausflugstag erwartet uns am Abend erneut eine gesellige Runde, in der auch Bierchen und Likörchen nicht fehlen dürfen. Erneut umschifft Isabelle geschickt die hochprozentigen Versuchungen, während ich mir dann doch den einen oder anderen genehmige. Sie hat sich nämlich freiwillig zum Fahrer ernannt und uns alle zum Haus ihrer Cousine gefahren, die mit uns nachträglich auf ihren Sohn anstoßen möchte. Damit steht das Thema des Abends fest. Es geht um Babys, Schwangerschaften und Kinder. Genau das Richtige, wenn man eine Schwangerschaft verheimlichen will. Mit der Zeit werde ich ziemlich angeduselt und Isabelle befürchtet nicht zu Unrecht, ich könne mich aus einer Laune heraus verplappern. Doch weit gefehlt! Auf die Frage, wie es denn bei uns mit Kindern aussähe, entgegne ich den erwartungsvollen Gesichtern inbrünstig: „Um Gottes willen! Mir reicht eine so ne Teppichratte. Ich hab mir doch extra Isabelle genommen, weil sie auch keine Kinder will.“

Ha, das sitzt! Thema erledigt. Ich spüle den Sieg mit einem fruchtigen Kehlenreißer aus Vaddis eigener Produktion herunter und lasse mich kurz darauf bequem von der stocknüchternen Isabelle in die Ferienwohnung fahren.

In besagter Wohnung angekommen, erwarte ich Lob für meine tolle Show. Stattdessen schaut mich Isabelle todtraurig an und fragt, ob ich das vorhin ernst gemeint habe. Ob ich gar kein Kind wolle. Ob ich sie nur deshalb erwählt hatte. Frauenlogik mit Extra-Hormonen! Boah Alter! Ich brauche erstmal einen Drink.

Woche 07 – Der erste Ultraschall

Der unerwartet knifflige Ausflug zu Isabelles Vater hatte auch sein Gutes, denn so konnten wir uns erfolgreich davon abhalten, nicht tagelang gebannt auf den Kalender zu starren, bis wir endlich den ersten Ultraschalltermin wahrnehmen würden. Der bedeutet nämlich die nächste wichtige Etappe auf dem Weg zur endgültigen Gewissheit. Über uns schwebt nämlich noch das Damoklesschwert der sogenannten Eileiterschwangerschaft. Diese niederträchtige Abart der Schwangerschaft ist gerade bei Frauen mit Isabelles Befunden gar nicht so selten und droht, unser erst kürzlich gewonnenes Glück wieder zu zerstören. Während ich aus wohliger Unkenntnis dem Termin eher gelassen entgegen sehe, scheint Isabelle völlig verunsichert zu sein. Ein leidiger Nebeneffekt, wenn man sich stets so umfassend informiert, wie sie es tut.

Ich nehme Isabelle am Tag des Termins fest in meine Arme und blicke ihr tief in die Augen. Ich sehe Angst und Sorge, sehe Verunsicherung und Traurigkeit, wo doch eigentlich Fröhlichkeit und Freude sein sollten. Doch ich kann es ihr nicht verdenken. Es war so unwahrscheinlich gewesen, dass wir ohne Hilfe schwanger geworden waren, erst recht in so kurzer Zeit. Es würde einfach passen, wenn uns jetzt das nächste Unwahrscheinliche passieren würde. Wir legen die wenigen hundert Meter zur Frauenärztin gemeinsam zurück und finden uns erneut auf den leidlich bequemen Stühlen der Praxis wieder. Nach einem kurzen Gespräch mit der konstant professionell agierenden Ärztin nimmt Isabelle auf jenem Stuhl Platz, der für uns Männer auf ewig ein wenig bizarr bleiben wird. Es dauert nur Sekunden, ehe wir auf dem grobkörnigen Bildschirm einen kleinen blinkenden Punkt sehen können. Wir sehen das Herz unseres Kindes schlagen. Und es schlägt exakt dort, wo es hingehört. In der kuscheligen Gebärmutter nämlich und nicht in den garstig verknoteten Eileitern, die meiner geliebten Frau so eine Angst gemacht haben. Ich schaue Isabelle in die Augen und sehe reine Glückseligkeit. Ich glaube, ich habe sie noch nie so glücklich gesehen wie in diesem Moment.

„Unser Kind sieht aus wie ein winziger Tyrannosaurus mit einem riesigen Kopf und Maul." Ich drehe das ausgedruckte Ultraschallbild in alle Richtungen und gucke skeptisch. Isabelle lächelt nur und legt ihren Kopf auf meinen Arm, der auf einem der Sofakissen unserer Couch ruht. „Könnte auch eine Fledermaus sein oder ein Typ mit einem wehenden Mantel, der nachts über den Friedhof huscht und Pentagramme aus Stierblut auf Grabsteine malt." Ich erwarte eine von Isabelles typischen Reaktionen auf meine Albernheiten. Ein Abwinken, ein Anstupsen, ein halbgenervtes Ausatmen. Doch sie bleibt ganz still und schmiegt sich weiter an mich. Langsam spüre auch ich in meiner oft so übertriebenen Heiterkeit, welche Last durch den eben absolvierten Termin von Isabelle abgefallen ist. Später sollte sie sagen, dass dieser Besuch der für sie bedeutungsvollste Gang zur Frauenärztin gewesen ist. Ich fühle mich etwas unbehaglich, weil ich dem Moment wohl nicht so eine große Bedeutung beigemessen habe wie die werdende Mutter. Doch es scheint, als könne nichts auf der Welt meine Isabelle heute betrüben.

Ich werfe einen Blick in den Mutterpass, jenes Artefakt der Mutterschaft, das von nun an der ständige Begleiter Isabelles werden würde und erblicke den errechneten Geburtstermin. Natürlich wird das Kind im März kommen. So hatte es Isabelles Plan vorgesehen und weder die Natur noch irgendein Arzt und schon gar nicht Gott oder die teuflische Eileiterschwangerschaft würden daran etwas ändern. Plötzlich steht Isabelle auf und stellt sich scheinbar völlig willkürlich und durchaus unsinnig mitten in unser Wohnzimmer. Ich blicke sie verwirrt an. Sie lächelt nur. Ich stehe auf und gehe auf sie zu. Völlig ansatzlos quiekt sie auf einmal los und kreischt wie in einer schlechten Vorabendserie: „Ich bin schwanger!", hüpft dabei hektisch auf und ab, umschlingt meinen Hals und trampelt mir auf den Füßen herum. Solche Ausbrüche bin ich von meiner stets beherrschten Frau nun gar nicht gewohnt und bin zunächst völlig perplex. Geht das jetzt schon los mit der hormonellen Unberechenbarkeit? Doch eigentlich freut sie sich nur. Ohne sich zu verstellen, ohne sich zu beherrschen. Und es tut mir fast so gut wie ihr.

Woche 08 – Zum Kotzen

Isabelle kotzt. Schon wieder. Es scheint fast so, als bestünde ihr ganzer Körper momentan aus einem einzigen riesigen Würgemuskel, der lächerlicherweise versucht, sich selbst auszuwerfen. Ich erinnere mich an die wenigen Male, in denen ich mich wegen Krankheit oder Volltrunkenheit hatte übergeben müssen. Wie widerlich sich das anfühlt und wie viel übler einem von dem Geruch werden kann. Die arme Isabelle durchleidet das jetzt schon den vierten Tag in Folge. Doch heute ist es besonders schlimm.

Schwangerschaftsbedingte Übelkeit ist ein Phänomen, von dem angeblich sehr viele Frauen in anderen Umständen betroffen sind. Doch wie bei jedem anderen Symptom auch ist die Vehemenz von Fall zu Fall stark schwankend. Einige Frauen, die vornehmlich in Hochglanz-Magazinen wohnen, spüren nur Freude und keine Übelkeit. Anderen wiederum ist ein bisschen flau, aber sie müssen sich kaum oder gar nicht übergeben. Und dann ist da noch Isabelle, die heute jeden Tropfen Mineralwasser sofort wieder von sich gibt, noch ehe der Flaschenverschluss abgeschraubt wurde. Isabelle gehört eigentlich zu jenen seltenen Menschen, die wirklich so viel trinken, wie man sollte. Ich hingegen gehöre zu jenen, denen dauernd gesagt wird, sie müssten mehr trinken. Doch heute bleibt bei ihr einfach kein Schluck lange im Körper. Ich mache mir langsam sorgen. Es ist August und die Sonne brennt. Bei dieser Hitze wird sie mir noch austrocknen.

Eine Schwangerschaft scheint mir eine extrem unfaire Angelegenheit zu sein. Während einige Frauen sich auf die faule Haut legen, sich mit ungesundem Zeug zustopfen und ihre Schwangerschaft als universelle Ausrede für alles missbrauchen, obwohl es ihnen eigentlich ganz toll geht, leiden andere unverhältnismäßig viel. Bei Isabelle kommt hinzu, dass sie als Planungswütige natürlich bereits vor der Empfängnis eine ziemlich exakte Vorstellung davon hatte, wie sie die Schwangerschaft gestalten würde. Vorgesehen waren eine ausgewogene Ernährung, viel Sport und wenig Stress. Doch momentan besteht ihre Ernährung in der ungesunden Nulldiät, ihr Sport reduziert sich auf einen halbstündlichen schrägen Sit-up Richtung Eimer und der Stresspegel dürfte auch am Anschlag sein. Isabelle hasst es, wenn ein Plan sich nicht erfüllen lässt und leider neigt sie auch dazu, sich dafür die Schuld zu geben. Doch dieses Mal kann sie ja wohl eindeutig gar nichts dafür. Apropos gar nichts: Es bleibt nach wie vor gar nichts drin!

Mir reicht es. Ich muss meine Frau retten und sie ins Krankenhaus fahren. Isabelle sieht dafür natürlich keine Notwendigkeit. Sie beginnt, mit mir zu diskutieren, dass es unnötig sei und dass es schon gehen werde und wir doch den nächsten Tag abwarten sollten. Doch wenn mein unter der dicken Wohlstandsschicht unserer friedliebenden Weltgegend verborgener Beschützerinstinkt plötzlich reaktiviert wird, dann kenne ich kein Pardon. Dann wird gerettet, dass es nur so kracht. Ohne Rücksicht auf Verluste. Ich genehmige Isabelle noch einen letzten Gang auf die Toilette, drücke ihr den frisch ausgespülten blauen Plastikeimer in die Hand und fahre sie schnurstracks in die nächste Klinik.

In meiner an Rücksichtslosigkeit grenzenden Scharfsinnigkeit transportiere ich Isabelle nicht etwa in den Wartebereich der Notaufnahme, sondern sofort auf die richtige Station, wo sie auch umgehend an den lebensrettenden Tropf angeschlossen wird, der sie die Nacht über mit Flüssigkeit versorgt. Leider hat die zuständige Schwester nicht so viel Verständnis dafür, dass ich den vorgesehenen Dienstweg abgekürzt habe und schickt mich leicht grimmend zur Notaufnahme, um den Warte- und Anmeldeprozess abzuschließen, den ich vorher gewagt übersprungen hatte. Egal, Hauptsache Isabelle ist in Sicherheit und an den tröpfelnden Nektar angestöpselt. Auch die anderen Schwestern der Station sind deutlich mitgenommen von der brütenden Sommerhitze und entsprechend gereizt. Zum Glück rettet ein unvorhersehbar fröhlicher Arzt den Tag. Gemeint ist der koreanische Gynäkologe, der mit einem der witzigsten Akzente, die ich je gehört habe, erklärt, dass wir alles richtig gemacht haben und dass die Blutwerte okay sind und Isabelle nur ein bisschen zu wenig Kalium zu haben scheint. Spontan haben wir wieder gute Laune und sogar Isabelle wagt ein Lächeln. Ich bleibe an ihrem

Bett bis sie eingeschlafen ist und lese derweil den informativen Wikipedia-Artikel über koreanische Geschichte. Dann schnappe ich mir den Eimer, verlasse das Krankenzimmer und summe leise ein Loblied auf all die unbesungenen Helden, die in diesem Land tagaus tagein ihre holden Maiden zu beschützen wissen.

Woche 09 – Das Küken

„Eine Geburt ist etwas ganz Natürliches." höre ich eine freundliche Frauenstimme aus dem Laptop sagen. Isabelle schaut offenbar wieder einmal eine der vielen Dokumentationen und Info-Filmchen über Schwangerschaft, Geburt und das ganze Drumherum. Sie ist halt einfach eine sehr gewissenhafte Frau, die nichts mehr hasst als unvorbereitet zu sein. Ich hingegen versuche mich zu erinnern, wie das damals bei meinem Lottchen war. Doch die Geburt meiner Tochter ist nun schon über fünf Jahre her und dank moderner Medien ist mein Gedächtnis seitdem schon oft überschrieben worden. Es wird nicht lange dauern und Isabelle weiß mehr über Kinder als ich. Zufrieden lehne ich mich also zurück und genieße es, dass meine Frau sich so emsig fortbildet. Dann muss ich es nicht tun. Und wenn eine Geburt eh etwas ganz Natürliches ist, dann braucht man ja eigentlich auch nur abzuwarten und irgendwann rutscht das Kind raus und alle sind happy.

Wenige Tage später gehen wir erneut gemeinsam zu unserer mittlerweile wirklich liebgewonnenen Frauenärztin. Sympathisch naiv wie ich nun mal bin, erwarte ich einfach nur ein weiteres witziges Ultraschallbild, das ich dann den Rest des Tages interpretieren kann. Doch stattdessen finde ich mich neben Isabelle sitzend im Besprechungsraum der Ärztin wieder, wo selbige uns eine Ankündigung nach der nächsten macht. Offenbar wird Isabelle in den kommenden Wochen und Monaten eine Reihe von Untersuchungen über sich ergehen lassen und dafür vielfach verschiedenste Körperflüssigkeiten opfern müssen. Die Ärztin spricht wirre fremde Worte wie Toxoplasmose, Cytomegalie und Chlamydien und gibt Ratschläge, die sich auf Isabelles Alltag auswirken werden. Wenn ich das richtig verstanden habe, sind Salami, kleine Kinder und Katzenkacke ab sofort unmittelbar tödlich und müssen mit allen Mitteln abgewehrt werden. Während ich befürchte, mit meinem Lottchen ab jetzt jedes zweite Wochenende heimatlos durch die Stadt zu irren und in billigen Motels übernachten zu müssen, weil ihre reine Anwesenheit sofort zum Fötusverfall führen würde, wird Isabelles Blick immer gequälter. Ich nehme ihre Hand und will sie trösten. Doch dann merke ich, dass sie sich nur zusammenreißt, nicht laut zu brüllen: „Das weiß ich schon alles! Erzählen Sie mir was, dass ich noch nicht gelesen habe!“ Ach ja, der Fluch der Wissenden. Geschieht ihr recht!

Nach weiteren wirren Worten wie Nackenfaltenmessung, Eisenwertbestimmung und Nachholimpfung schaltet mein Gehirn auf Stand-by. Von wegen, eine Geburt ist etwas ganz Natürliches. Offenbar ist bereits die Schwangerschaft ein so komplexer Vorgang, dass extra ein eigenes Vokabular dafür erfunden wurde. Von der eigentlichen Geburt will ich da noch gar nicht reden. Da sind wahrscheinlich dann neben Ärzten und Hebammen auch Ingenieure, Physiker und Astronomen anwesend.

Und womöglich auch der ein oder andere Pharmavertreter. Ich blicke auf ein Bündel bunter Stifte mit einem Pharma-Logo, die auf dem Schreibtisch der Ärztin stehen. Die Stifte sind transparent und man kann die Tinte sehen. Fast wie in einer Lavalampe. Ich schüttele mich. Los, Mann, konzentrier dich. Es geht hier um deine Frau und dein Kind. Sei aufmerksam. Doch ich weiß auch, dass ich das gar nicht sein muss. Meine Isabelle ist verantwortungsvoll, wissbegierig und weiß es hinterher eh besser. Außerdem gibt es weit wichtigere Aufgaben für einen werdenden Papa.

„Das ist eindeutig ein Küken!" Isabelle lacht und verdreht die Augen. Doch auf dem Ultraschallbild, das wir nach der langen Besprechung dann doch noch im Anschluss an die eigentliche Untersuchung bekommen haben, ist klar erkennbar, dass unser Kind eigentlich ein Vogelbaby mit einer halben Eierschale auf dem Kopf ist. Es könnte auch ein Alien-Mutterschiff sein mit einer extradicken Panzerung am Bug. Wenn man das Foto ein wenig dreht, könnte es auch das Logo des Pharmaunternehmens von den bunten Stiften sein. Dann würde sich natürlich ein sofortiger Sponsoringvertrag anbieten. Wieder einmal mache ich meine Späßchen, doch diesmal werde ich nicht unterbrochen. Isabelle sitzt nämlich schon wieder am Laptop und googelt nach einem der unverständlichen Begriffe, die die Ärztin vorhin von sich gegeben hat. Offenbar ist ihr das ein oder andere noch nicht ganz klar. Aber das findet sie schon heraus.

Woche 10 – Das Toffifee-Delirium

Isabelle leidet nach wie vor unter heftiger Übelkeit. Da konnte sie vorab noch so viele Informationen darüber sammeln, mit dieser starken Variante hatte sie wohl kaum gerechnet. Zwar kann sie immerhin wieder so viel trinken, dass sie nicht dehydriert, aber es bleibt so gut wie nichts Essbares lange drin. Mit einer Ausnahme: Toffifee. Aus irgendeinem mystischen Grund verträgt ihr Körper momentan nichts anderes als diese kleinen runden Dinger mit der Haselnuss in Karamell mit Nougatcreme und Schokolade. Für mich klingt das jetzt nicht so tragisch, doch für Isabelle ist das ein weiterer vehementer Angriff des Schicksals auf ihre sorgsam ausgetüftelten Pläne.

Es gibt ja Menschen, die sich jederzeit vorbildlich ernähren. Sie treiben Sport, essen gesunde Sachen, trinken Fitnessdrinks und strahlen auf ihren Facebook-Posts wie McFit-Models. Diese Menschen werden vordergründig bewundert, aber von den meisten insgeheim gehasst. Andere Menschen hingegen geben sich eher den ungesunden Gelüsten hin und taugen dadurch weniger als Vorbild, sind dafür aber meist beliebter und unkomplizierter. Isabelle sprang bislang auf recht sympathische Weise zwischen beiden Typen hin und her. Doch mit der Schwangerschaft sollte alles anders werden. Dem Baby zuliebe wollte sie nur noch gesunde Sachen essen. Ich fürchtete bereits nicht zu Unrecht, auch in diesen Wahn mit hineingezogen zu werden. Doch dann kam alles anders. Jetzt isst sie das weißichwievielte Toffifee an diesem Tag und hasst sich dafür, obwohl ihr ja keine Wahl bleibt. Schon jetzt scheint sie zu glauben, als Mutter versagt zu haben.

Erneut fällt mein Blick auf die zahllosen Broschüren und Magazine, die sich auf ihrem Nachttisch stapeln. Überall auf den Covern strahlen mich leuchtende Schwangere und junge Mütter an. Keine von ihnen scheint auch nur im Geringsten mitgenommen. Das mediale Bild einer durchschnittlichen Schwangerschaft ist noch arglistiger und aufgesetzter als das der immer sexy und glücklich sein müssenden Frau oder des Mannes, der gefälligst über mindestens so viele sichtbare Bauchmuskelstränge verfügen muss wie sein Kontostand Stellen vor dem Komma hat. Die Wirklichkeit sieht anders aus. Ich blicke auf die Frau, mit der ich vor wenigen Monaten noch fröhlich durch den Frühling getanzt bin. Die ich bewunderte für ihre Leistungsfähigkeit und ihren Stolz. Die ich begehrte und in jedem Moment liebte. Was von ihr übrig ist, liegt nun schon seit Tagen auf dem Bett, ächzt und stöhnt und stopft Haselnusspralinen in sich hinein. Ich habe ein schlechtes Gewissen, weil ich, statt sie zu bemitleiden, stattdessen mich bemitleide. Und doch erwähne ich es, weil es wahr ist und weil Männer auch nur Menschen sind, die nicht 40 Wochen lang immer das Richtige tun und fühlen.

Draußen scheint die Sonne wie sie es oft zu tun pflegt im Hochsommer – volle Pulle. Während ich ja eher so ein Herbsttyp bin, liebt Isabelle die Sonne. Beim Sonnenbaden kann sie sogar still liegen, ohne sich beschäftigen oder wenigstens informieren zu müssen. Doch von diesem Sommer bekommt sie nichts mit. Die Vorhänge im Schlafzimmer sind zugezogen. Sie will nichts von der Sonne sehen. Traurig schaut mich meine geliebte Verlobte an. Gerade hat sie versucht, einen Apfel zu essen. Nur einen schnöden Apfel. Ihr ist sofort schlecht geworden. Von einem Apfel! Ich kann nachvollziehen, dass sie da an der Welt verzweifelt. Ich versuche, ihr mit ein paar aufmunternden Worten Mut zu machen und sage, dass es nach den berühmten 12 Wochen bestimmt besser wird. Doch in meiner eigenen Niedergeschlagenheit vermag ich kaum Trost zu spenden.

Es freut mich ehrlich, wenn andere Paare mir erzählen, wie entspannt deren Schwangerschaft verlaufen ist. Ich wünsche niemandem etwas Schlechtes. Doch ich koche vor Wut, wenn ich sehe oder lese, wie dieses große Glück von Einzelnen zur Normalität stilisiert wird. Wie unterschwellig behauptet wird, dass jene Frauen, die viele Beschwerden haben, daran irgendwie selbst Schuld wären. Am liebsten würde ich jetzt in eine dieser dämlichen Redaktionen fahren und ein paar Schreibtische umschmeißen. Doch ich habe zum Glück keine Zeit. Ich muss zum Supermarkt, Toffifee kaufen.

Woche 11 – Es muss einfach raus

Trotz aller Beschwerlichkeiten und der mittlerweile zum Alltag dazugehörenden Übelkeit freuen wir uns natürlich nach wie vor auf unser gemeinsames Baby. Nun gehört ja Freude bekanntlich zu den wenigen Dingen, die größer werden, wenn man sie teilt. In uns beiden brennt es seit Wochen, diese tolle Neuigkeit allen zu erzählen. In die Welt hinausposaunen möchten wir sie. Jedem Passanten ins Gesicht schreien. Naja, zumindest aber unseren engsten Freunden und Verwandten anvertrauen. Doch noch immer legt uns die eiserne 12-Wochen-Regel ihre bleiernen Ketten an.

Es ist ein angenehm kühler Nachmittag, als ich Isabelle im Arbeitszimmer telefonieren höre. Ich bin weit davon entfernt zu lauschen, doch nehme ich eine völlig andere Stimmlage bei ihr wahr. Normalerweise führt sie geschäftliche Telefonate und auch bei Gesprächen mit ihrer Familie ist ihr Ton nicht so überschwänglich und untypisch unsachlich wie heute. Vorsichtig schleiche ich mit meinem fürs Schleichen eher ungeeigneten Körper näher an die Tür des Arbeitszimmers. Ich schnappe einzelne Wortfragmente auf, die nur einen einzigen logischen Schluss zulassen: Isabelle verstößt gegen die 12-Wochen-Regel! Doch statt mich zu echauffieren, bin ich eigentlich ganz froh, denn ich weiß: nun darf ich auch!

Es stellt sich heraus, dass Isabelle mit ihrer Schwester Natalie telefoniert hatte. Obwohl ich Natalie noch kaum kenne, verstand ich gleich, dass zwischen diesen beiden Schwestern eine Bindung besteht, die mir als Einzelkind ewig verschlossen bleiben wird. Ich beginne, darüber nachzudenken, wie sich das Baby wohl auf meine Tochter auswirken wird. Sie würde dann ein Geschwisterchen haben. Zugegeben nur ein halbes, doch emotional dürfte das für eine dann Sechsjährige wohl keinen Unterschied machen. Würde mein Lottchen das Baby willkommen heißen oder ablehnen, es wie eine große Schwester umsorgen oder es ob der nun geteilten Aufmerksamkeit des gemeinsamen Vaters beneiden? Werden meine beiden Kinder die Art von Geschwisterliebe erfahren, die mir selbst entsagt geblieben ist oder wird es einen unnötigen Konkurrenzkampf um die Anerkennung des Vaters geben?

Mitten in meine Gedanken herein knallt mir die Arbeitszimmertür vor die Stirn. Isabelle hatte wohl fertig telefoniert und will offenbar gerade zu einer Ausrede ansetzen, warum sie gegen die 12-Wochen-Regel verstoßen hat. Doch ich strahle sie trotz schmerzender Stirn nur an und frage: „Und? Was hat Natalie gesagt?" Daraufhin sprudelt es nur so aus Isabelle heraus und für einen Moment ist jede Übelkeit und jedes Toffifee vergessen. Ich kann nur Vermutungen anstellen, doch ich glaube, es gibt kaum etwas Schöneres für eine Frau als so eine Neuigkeit mit der eigenen Schwester zu teilen. Ein bisschen beneide ich Isabelle in diesem Moment darum, ein Geschwisterkind zu sein. Auf der anderen Seite freue ich mich aber auch für sie. Und darauf, die frohe Kunde nun auch teilen zu dürfen.

Da es mir an leiblichen Geschwistern fehlt, greife ich auf meinen besten Freund Micha zurück. Wie es der Zufall will, ist ja auch seine Frau Sarah seit einiger Zeit in freudiger Erwartung und so fällt es nicht weiter auf, dass wir uns nur wenige Wochen nach unserem letzten Besuch erneut für einen Abstecher in den Nordwesten Berlins ankündigen. Wieder einmal muss Isabelle ihren bereits leicht gewölbten Bauch kaschieren, ihre Übelkeit unterdrücken und den offerierten Begrüßungssekt gekonnt ablehnen. Doch anders als beim Besuch ihres Vaters muss sie sich nur wenige Minuten verstecken. Lächelnd sage ich zu Sarah: „Ihr seid ansteckend." In ihrer niedlichen Schusseligkeit braucht die Gute eine Weile, bis sie verstanden hat, was ich damit meine, während Micha schon ein breites Grinsen aufgesetzt hat. Dann hat auch sie es begriffen und wir vier teilen unsere nun doppelte Freude so, wie es sonst nur Geschwister tun können.

Woche 12 – Der Praena-Test

Früher oder später stellt sich für jedes Pärchen, welches sich auf Nachwuchs freuen darf, die bange Frage, ob es denn auch ein gesundes Baby werden wird. Diese Frage wiegt umso schwerer, je mehr man sich verdeutlicht, wie sehr man hier wieder einmal dem Schicksal ausgeliefert ist. Egal wie sehr die werdende Mama auf sich achtet, wie wenig Kaffee sie trinkt oder wie gut sie sich von Keimen fernhält – gegen manche Dinge kann sie sich nicht wappnen. Auch Isabelle und ich haben uns mit diesem Thema beschäftigt und beschlossen, einen speziellen Test zu machen, der ziemlich genau bestimmen kann, ob einige der häufigsten genetischen Erkrankungen bei unserem Nachwuchs vorliegen. Dieser sehr teure, aber dafür ungefährliche, weil über entnommenes Mutterblut funktionierende Test hat außerdem einen netten Nebeneffekt: Er bestimmt mit großer Sicherheit das Geschlecht unseres Kindes.

Ich sitze also mit Isabelle im Warteraum einer darauf spezialisierten Klinik und denke darüber nach, was wir tun würden, wenn der Test positiv ausfallen würde. Es gehört mit Sicherheit zu den schwersten Fragen, die sich werdende Eltern stellen können. Würden wir auch ein behindertes Baby wollen? Oder beenden wir bewusst dessen Existenz, eben weil es behindert werden würde. Mit pragmatischen Überlegungen kommt man da nicht weit. Doch auch rein moralisierende Positionen erscheinen mir die Sache etwas zu sehr zu vereinfachen. Ich bin kein religiöser Mensch. Ob Leben heilig ist und wann es sich überhaupt schon um Leben handelt, sollte jeder für sich beantworten und sich dafür auch vor niemand anderem rechtfertigen müssen. Ich denke, es reicht, die Bürde dieser Entscheidung selbst mit sich herumtragen zu müssen. Doch wenn es soweit ist, sich zu entscheiden, dann stelle ich mir das unfassbar schwer vor. In diesem Moment hier im Wartezimmer wissen wir noch nicht einmal, ob es überhaupt etwas zu entscheiden geben wird, und doch legt sich eine unbehagliche Schwere über uns.

Der häufigste genetische Defekt mit schweren Konsequenzen ist Trisomie 21, auch Down-Syndrom genannt. Obwohl die Menschen mit diesem Syndrom mittlerweile bis zu 70 Jahre alt werden und in der Regel durch die moderne Medizin auch physisch nicht mehr so leiden müssen wie früher, bedeutet diese Erkrankung aber doch einen gewaltigen Einschnitt in das Leben des Kindes und der Eltern. Immer wieder sieht man in den Medien Menschen mit Trisomie 21, die angeblich ein fast normales Leben führen, gesellschaftlich integriert sind und hier und dort sogar zu kleinen Stars wie etwa Fotomodels aufgebauscht werden. Ich empfinde das als verlogen. Gerade durch ihre Besonderheit sind sie überhaupt erst für die Berichterstattung erwähnenswert. Ein Mensch mit Trisomie 21 kann nie normal sein. Er kann akzeptiert sein, gemocht und geliebt. Aber so etwas wie Normalität wird er nie kennen.

Ich verhehle nicht, dass ich nicht auch an mein eigenes Leben denke, wenn ich mir eine Zukunft mit einem behinderten Kind vorstelle. Dabei geht es gar nicht so sehr darum, dass aus ihm unbedingt mal ein Anwalt oder eine Ärztin werden soll. Es geht vielmehr darum, dass ich nicht mitansehen könnte, wie mein Kind ein Sonderling sein würde. Es mag egoistisch und für viele unverständlich klingen, aber es bricht mir schon bei der bloßen Vorstellung das Herz, mein Kind würde unfair behandelt werden, erniedrigt, ausgegrenzt. Und das würde es, da gebe ich mich keinen Illusionen hin. Die Welt ist grausam zu Außenseitern und allein die Existenz jener Mut machenden Stories von den Fotomodels und anderen Ausnahmen bestätigt doch nur die grausame Regel.

Ich habe größte Hochachtung vor allen Eltern, die ein Leben mit einem geistig behinderten Kind bewerkstelligen. Doch ich glaube nicht, dass ich das könnte. Ich würde daran zerbrechen. Vielleicht irre ich mich auch und bin nur feige und allein ich wäre grausam, wenn ich einem Menschen das Recht auf Leben entzöge, weil es nicht der Norm entspricht. Ich weiß es nicht. Ich weiß es wirklich nicht. Ich weiß nur, was ich in diesem Moment in diesem Wartezimmer fühle und wer mich richten will, der möge es tun.

Auf dem Rückweg von der Klinik schweigen wir zunächst. Isabelle fragt mich dann zögerlich, was wir meiner Meinung nach tun sollten, wenn das Ergebnis positiv wäre. Ich offenbare ihr meine Gedanken. Sie windet sich merklich. Ihr würde eine Entscheidung nicht einfacher fallen als mir. Sie hatte kaum damit rechnen dürfen, überhaupt schwanger zu werden und auch ihr Alter ließ nicht mehr viel Spielraum. Doch sie versteht meine Argumentation. Zumindest lehnt sie sie nicht sofort entschieden ab. Dann schweigen wir wieder. Wenige Tage später erreicht uns der Anruf des Klinikarztes. Es gebe keine Anzeichen auf eine genetische Erkrankung. Ob wir denn das Geschlecht wissen wollen? Ja, wollen wir. Wir sind erleichtert. Unser Kind wird gesund sein. Unser Sohn wird gesund sein.

Woche 13 – Frust statt Lust

Eine gesunde Sexualität ist jeder Beziehung zuträglich. Umso mehr, je frischer diese ist und umso mehr Verlangen und Begehren nach dem Partner den eigenen Geist umgibt. Ironischerweise ist aber der Zustand, den eine gesunde Sexualität hervorrufen kann, nämlich die Schwangerschaft, oft für eben jene Sexualität ein harter Prüfstein. Das Hauptproblem dabei ist, dass sich in den Körpern der werdenden Mütter verdammt viel ändert, bei uns Herren der Schöpfung aber eigentlich alles beim Alten bleibt. Da ist ein gewisses Frustpotential vorprogrammiert.

Isabelle ist eine unglaublich schöne Frau. Ich persönlich mache einen beachtlichen Unterschied zwischen den Attributen schön und hübsch. Hübsch kann man sich machen. Schön muss man sein. Sicherlich bin ich im meiner Meinung über Isabelles Attraktivität nicht neutral, aber subjektiv empfinde ich neben Liebe und aufrichtiger Zuneigung auch immer einen gewissen Grad an Erregung, wenn ich sie anblicke. Im Normalfall wurde das auch meist erwidert, doch spätestens seit der einsetzenden Übelkeit hält sich die Libido bei meiner Frau eher bedeckt. Rational betrachtet kann ich das durchaus verstehen. Wer hat schon Lust auf Sex, wenn er sich schon beim Frühstück dreimal übergeben muss, sich fett fühlt und noch dazu enorm geruchsempfindlich ist? Leider ist sexuelles Verlangen aber nicht rational und das ist auch ganz gut so. Also harre ich aus und merke Frustration in mir aufsteigen, für die ich mich schämen sollte, es aber oft nicht tue.

Ich stelle mir die ganz progressiven Frauen vor, die regelrecht angewidert sind von so viel archaischem Brunftverhalten. Die sexuelles Verlangen mit Chauvinismus gleichsetzen und deren Lebensaufgabe es ist, die arme Frauenwelt aus der bedrängenden Umarmung des ewig erregten Mannes zu befreien. Wie groß muss deren Aufschrei erst sein, wenn eine leidende Schwangere derartig belagert wird? Doch leider vergisst diese Argumentation zweierlei. Zunächst einmal sind wir Männer eben nicht schwanger. Wir haben keinen Hormonhaushalt wie eine Zentrifuge, unser Körper verändert sich nicht, uns wird nicht schlecht und wir lagern Wasser höchstens in Kisten im Keller ein. Bei uns bleibt alles, wie es ist und das schließt nun mal auch unser sexuelles Verlangen mit ein. Außerdem, das ist der zweite Punkt, wollen wir auch gar nicht anders. Wir möchten auf unsere Partnerin abfahren, sie begehren und ihr das auch zeigen. Ganz ehrlich, liebe Damenwelt, wäre es euch lieber, wir würden euch vom Tage der Befruchtung an nur noch als androgynen Brutkasten wahrnehmen?

Ich beobachte Isabelle, wie sie durch den Berliner Spätsommer läuft. Leichte Kleidung, die für Schwangere so typischen üppigen Brüste, dazu das magische Strahlen, das eine werdende Mutter für jeden Mann noch attraktiver macht. Ich weiß, dass sie auch heute wieder Beschwerden haben, sich nicht wohlfühlen wird. Dass es auch heute wieder schwer werden dürfte, in ihr die Lust zu wecken, die es braucht, um jene Gelüste zu stillen, die sich auch heute wieder in mir regen. Und wieder versuche ich mein Glück, nähere mich ihr und zwinge ihr damit eine Ablehnung auf, die sie verunsichert und mich frustriert. Wir sind noch nicht einmal zwei Jahre ein Paar. Da fällt es mir noch schwerer, mich zu zügeln. Wieder empfinde ich Scham und Schuldgefühle, dass ich meine eigenen Bedürfnisse nicht abstellen kann, obwohl ich weiß, dass sie nicht nicht will, sondern nicht kann. Ich küsse ihren Nacken und gebe ihr so zu verstehen, dass ich nicht sauer oder beleidigt bin. Aber das stimmt nur teilweise und deshalb schäme ich mich gleich noch mehr.

Muss der Mann einer werdenden Mutter aus purem Verständnis sich selbst einschränken? Muss ich mich nicht nur in der Tat zurücknehmen, sondern auch im Wort und im Gedanken? Oder ist das sexuelle Verlangen der Schwangeren gegenüber nicht vielmehr ein großes Kompliment und Ausdruck einer gesunden Partnerschaft, in der sich zwischen mir und ihr nicht so viel verändert hat wie in und an ihr? Ich vermag diese Frage kaum für mich oder uns zu beantworten. Schon gar nicht allgemeingültig. Und doch würde ich mir wünschen, dass die Frauen sich diese Fragen zumindest einmal stellen. Verständnis für den Menschen, den man liebt, funktioniert in beide Richtungen.

Woche 14 – Schwanger sein ist scheiße
(Gastbeitrag der werdenden Mutter)

Am Anfang war die Illusion. Die Vorstellung einer schönen, leuchtenden Schwangeren, die ihre 40 Wochen genießt, Wehwehchen tapfer erträgt und sich mit jedem Tag mehr auf den neuen Erdenbürger freut. Diese strahlende Schwangere wollte ich sein. Doch dann kam alles anders.

Ich bin ein sehr pragmatischer Mensch. Realistisch, nicht sehr romantisch und in vielen Dingen nicht gerade typisch Frau. Ich kann zum Beispiel sehr gut Straßenkarten lesen und mache mir nicht viel aus Schuhen und Handtaschen. Ich habe mein Leben gern im Griff und bin es gewohnt, alles selbst zu machen. Ich brauche niemanden, der meine Einkaufstüten schleppt und schon gar nicht nur, weil ich eine Frau bin. Ich habe auch keine Angst vor dem Mutter werden oder vor der Geburt, auch wenn ich mir da keine Illusionen mache. Ich stelle mich schon jetzt darauf ein, dass die Geburt die Hölle wird. Stundenlange Schmerzen, unvorhergesehene Komplikationen und genervte Hebammen. Doch was sind schon ein oder zwei schlimme Tage für das Glück, Mutter zu werden? Auch die Wochen vor der Geburt werden bestimmt kein Zuckerschlecken. Wie gesagt, ich bin Realist. Allerdings gab es dann doch Dinge, die ich mir irgendwie anders vorgestellt habe.

Ich bin jetzt in der 14. Schwangerschaftswoche. Damit habe ich die kritischen ersten drei Monate bereits hinter mir. Ich bin sehr dankbar dafür, dass ich bisher von Blutungen und Komplikationen jeglicher Art verschont geblieben bin. Wirklich! Alleine die Tatsache, dass ich so schnell und unproblematisch schwanger geworden bin, ist ein großes Glück und etwas wofür ich auf ewig dankbar sein werde. Aber muss ich mich deswegen demütig in mein Schicksal ergeben und darf ich deswegen nicht jammern, wenn es mir scheiße geht? Ich glaube jeder hat ein Recht darauf ein wenig zu jammern. Es ist ja nicht so, dass es mir wirklich richtig schlecht geht. Ich weiß ja auch, dass es noch viele Frauen gibt, denen es viel schlimmer geht. Aber ich fühle mich momentan einfach beschissen! Und der Gedanke daran, dass es anderen noch beschissener geht, ist dabei kein Trost.

Mittlerweile sehe ich ja ein, dass man eine Schwangerschaft nicht durchplanen kann. Aber Übelkeit von morgens bis abends, gerne auch mit Erbrechen, dazu der Kreislauf völlig im Eimer. Darauf war ich nicht vorbereitet. Ich erwarte ja nicht, dass ich Bäume ausreißen kann, aber es wäre toll, wenn wenigstens die normalen Sachen gehen würden: Wäsche machen, Einkaufen, ein bisschen putzen, am Laptop arbeiten. Das schlimmste ist, dass ich meinen Mann nicht mehr riechen kann. Kuscheln ist olfaktorisch völlig unmöglich, vom Sex mal ganz zu schweigen. Ich würde diese Zeit der Vorfreude so gern mit ihm gemeinsam genießen, doch im Moment bin ich froh über jede Minute, in der mir mal nicht schlecht ist.

Ich hatte mir so fest vorgenommen, keine „faule Schwangere“ zu sein, sondern Sport zu machen, weiter zu arbeiten und alles selbst zu organisieren. Und jetzt hängt das meiste an meinem Mann, ich werde immer fetter und nichts kriege ich fertig. Kürzer treten und langsamer machen wäre ja ok, aber völlig ausgebremst zu werden ist für jemanden wie mich unerträglich. Gestern war ich ein Paket bei der Post abholen. Absolute Katastrophe! Ich hab mich gefühlt wie eine Schwerkranke kurz vorm Exitus. Dabei bin ich doch nur schwanger! Wie haben das denn die Frauen früher gemacht? Was denkt sich denn mein Körper dabei, so zu übertreiben?

Ich klammere mich an die Hoffnung, dass es bald besser wird. Noch ein halbes Jahr lang kann das nicht so weitergehen! Es kann ja auch für unseren Sohn nicht gesund sein, wenn ich mich maximal noch vom Bett bis zur Toilette bewege. Ich will keine hässliche, fette, faule Mutti sein! Ich will mein Baby um jeden Preis beschützen und ich würde niemals etwas tun, das es gefährdet. Doch ich bin nicht nur ein passiver Brutkasten. Ich habe auch noch ein Leben. Zumindest hatte ich es. Doch jetzt will ich aufhören zu jammern. Allein der Gedanke an unseren in mir wachsenden Sohn tröstet mich. Dazu die Liebe zu meinem Mann, der mich all die Wochen tapfer erträgt und nicht aufhört, sich um mich zu kümmern. Ich hab viel mehr Glück als die meisten anderen. Ich habe die Liebe meines Lebens gefunden und erwarte von ihm ein Kind. Alles andere wird bestimmt besser. Irgendwann.

Woche 15 – Foren-Schwachsinn

Entgegen der offenbar vorherrschenden landläufigen Meinung besserte sich Isabelles Zustand nicht nach der 12. Woche, sondern verschlimmerte sich eher noch. Es gab Tage, da lag sie eigentlich fast nur im Bett herum und versuchte, sich nicht dauernd zu übergeben. An Beschäftigungsmöglichkeiten bleibt da nicht viel übrig, also liest sie neuerdings stundenlang auf dem Handy in den verschiedensten Babyforen über die Schicksale anderer Schwangerer. Gerade eben ist Isabelle jedoch ohne ihr Handy in die Badewanne entschwunden und gibt mir so die Gelegenheit, mich auch mal in diesen Foren umzuschauen.

Als ich Isabelles Handy entsperre, öffnet sich ein Thread zum Thema Badezusätze. Ich lese ein wenig hinein und wundere mich über die unglaubliche Kraft der Natur. Offenbar können diverse Kräuterchen, schon in kleinen Mengen dem Badewasser zugemischt, sofortige Wehen auslösen. Das jedenfalls behauptet kraueterhexe85 und wer würde ihr Wissen bei dem Nickname schon anzweifeln!? Ich tippe ein wenig durch die Themen des Forums und bemerke, wie viele ausgewiesene Expertinnen es zum Thema Mutterwerden und Muttersein zu geben scheint. Offenbar muss man nur ein bis drei Kinder bekommen haben und weiß sofort über so ziemlich alles Bescheid, ungeachtet der statistischen und vielleicht auch tatsächlichen Bedeutungslosigkeit der eigenen Einzelfälle im Vergleich zu den

Abertausenden von Geburten im Jahr. Viel schlimmer aber empfinde ich, wie die Anonymität des Internets jeder noch so sozial verunsicherten Mutti das Gefühl verleiht, zur großen Ratgeberin für das ganze Land berufen zu sein. Ich finde, es hätte durchaus Vorteile, wenn nicht jeder zu allem was sagen dürfte.

Ein paar Wischer und Tippser weiter entdecke ich einen Thread zum Thema „Beschwerden in der Schwangerschaft". Als ich ein paar Kommentare durchlese, kann ich förmlich nachfühlen, wie Isabelle bei der Lektüre die Autorinnen innerlich erwürgt und gevierteilt hat. Mausi92 macht sich halb verrückt wegen einem „leichten Stechen". Mausi, da strampelt eine kiloschwere Kreatur in deinem Leib und dehnt deine Haut bis zum buchstäblichen Zerreißen und du wunderst dich über ein leichtes Stechen!? Was soll Isabelle denn sagen? Noch viel wütender dürfte Isabelle aber ein Post von kleineskleeblatt gemacht haben. Diese glückliche Dame schreibt, wie toll und beschwerdefrei ihre Schwangerschaft doch ist und dass sie es gar nicht nachvollziehen kann, wenn die anderen Frauen sich hier so aufregen. Es ist doch alles so toll. Liebes Kleeblatt, wenn deine Schwangerschaft so schön ist, dann herzlichen Glückwunsch. Aber behalt es doch einfach für dich und freu dich drüber. Denn diese Tatsache in ein Schwangeren-Forum zu schreiben ist in etwa so angebracht wie mit einem Lottogewinn vor einer glücklosen Tippgemeinschaft anzugeben. Niemand mag dich dafür und es ist auch keine Leistung, sondern nur Glück.

Ich fliege weiter durch die Threads, während ich Isabelle in der Wanne plätschern höre. Einige Schreiberinnen scheinen im Kinderkriegen auch so eine Art Wettkampf zu sehen. Da gibt es Frauen, die schon vor Beginn des zweiten Trimesters Dutzende von Bodys, Hemdchen und andere Kleidung für das Baby gekauft haben und dann allen anderen vorwerfen, sie wären nicht vorbereitet und somit völlig verantwortungslos. Wiederum andere versuchen, sich mit den Kriegsgeschichten aus dem Kreißsaal zu übertrumpfen. MamaMoni scheint geradezu zu verlangen, für ihren beeindruckenden Dammriss entsprechend gewürdigt zu werden. Abgesehen davon, dass der Detailreichtum mir persönlich etwas zu viel für die Öffentlichkeit ist, wundere ich mich erneut darüber, wie sehr die Geburt und das Muttersein für viele Frauen offenbar der einzige Lebensinhalt geworden ist. Anders kann ich mir kaum erklären, warum jeder Begleitumstand so sehr überhöht wird.

Ich tippe weiter und finde einen vielversprechenden Thread mit dem Thema „Unsere Männer“. Bereits nach wenigen Posts bin ich ehrlich schockiert. Offenbar hassen die meisten Frauen ihre Männer in der Schwangerschaft. Hexe1984 zum Beispiel wirft ihrem Gatten vor, dauernd arbeiten zu sein und sich nicht um ihre neuerlichen Bedürfnisse zu kümmern. Und neulich war er wohl sogar mal mit Kollegen in der Kneipe, obwohl sie das ja nicht mehr kann. Vier Kommentare weiter beklagt sich die Hexe aber auch darüber, dass nicht genug Geld da ist, weil der Alte nicht mehr so viele Überstunden macht. MamaMoni – die mit dem grandiosen Dammriss – empfiehlt der Hexe, ihren Versager-Mann im Gegenzug von der Namenssuche auszuschließen. Ich schüttele mit dem Kopf. Sicherlich machen Männer nicht alles richtig und manche auch ziemlich viel falsch. Aber ihr, liebe nörgelnden Frauen, habt euch doch entschieden, mit ihnen eine Familie zu gründen. Ihr müsst sie doch genug mögen, um wenigstens halbwegs fair zu sein. Die Männer zu universellen Sündenböcken zu machen, mag auf den ersten Blick aufgrund der kolossalen Veränderungen in euren Körpern verständlich erscheinen. Doch in Wirklichkeit habt ihr offenbar nur einen akzeptablen Umstand gebraucht, um eure Partner ungestraft angreifen zu können. Das ist echt erbärmlich.

„Was machst du da?“ Isabelle schaut mir über die Schulter und ihre nassen Haare fallen mir auf den Hals. „Ich lese nur, wie sich die Schwangeren über ihre blöden Männer aufregen.“ sage ich zynisch. Isabelle antwortet lächelnd: „Du bist nicht so.“ „Nein,“ entgegne ich. „*du* bist nicht so.“

Woche 16 – Ein Licht am Ende des Tunnels

Aufgeregt hüpft Isabelle durch die Wohnung. Der Grund sowohl dafür, dass sie es tut, als auch, dass sie überhaupt dazu in der Lage ist, erscheint profan, ist aber für sie durchaus bedeutend. Ihr ist nicht mehr schlecht. Bereits am gestrigen Abend konnten wir uns gemeinsam herzhafte Wraps mit Rindfleisch und Rucola schmecken lassen, ohne dass die Kloschüssel auch was davon gehabt hatte. Es sei kaum zu glauben, wie großartig so etwas schmecken kann, hatte meine eben noch so bedauernswerte Liebste gesagt. Und jetzt stehen wir hier und würden am liebsten sofort alles nachholen, was uns bislang noch nicht vergönnt gewesen war.

Die Zeit der Schwangerschaft sollte für alle Paare etwas ganz Besonderes sein und jeder Mann sollte sich bemühen, diese Zeit bewusst mitzuerleben – trotz Arbeit, Hobbies und Bundesliga. Mich jedenfalls erfüllt es mit großem Stolz, dass eine so wunderbare Frau wie Isabelle entschieden hat, ausgerechnet mit mir ein Kind zu wollen. Mit ihr und ihrem mittlerweile durchaus sichtbaren Bäuchlein durch die Stadt zu flanieren, macht mich aus irgendeinem Grund sehr glücklich und umso froher bin ich, dass wir das nun endlich auch tun können. Insgeheim hoffe ich dabei immer, dass die vorbeilaufenden Passanten ihre Rundung erkennen und sich ein bisschen mit uns freuen. Ich mag Harmonie und ich möchte stets, dass sich die Menschen füreinander freuen können, auch wenn das in unserer missgünstigen Welt oft sehr naiv ist und diese Einstellung leider sogar eher belächelt wird.

Wir beschließen, die spätsommerliche Sonne zu nutzen und tatsächlich etwas spazieren zu gehen. Wir laufen in den nahegelegenen Park, lassen uns die leichte Brise um die Nase wehen und spüren wieder dieses Gefühl des Verliebtseins, welches unter der Last der Beschwerden in den letzten Wochen durchaus gelitten hat. Jetzt aber scheint alles in bester Ordnung. Als wir etwas Hunger bekommen, wagen wir es tatsächlich, in ein Restaurant einzukehren. Das wäre vor wenigen Tagen noch völlig unmöglich gewesen. Doch heute lassen wir es uns schmecken und beschließen im Übermut, am Nachmittag noch zu einem Geschäft für Umstandsmode zu fahren. Anders als bei früheren Shopping-Touren mit Damenbegleitung empfinde ich keinen spontanen Fluchtreflex, sondern freue mich sogar auf den Ausflug in die Stadtmitte. Was hat diese Frau nur mit mir gemacht!?

Im Laden angekommen, empfängt uns eine hochgewachsene Frau, die schnell und präzise erkennt, was unser Problem ist. Schwangere benötigen an sich ja schon besondere Schnitte, doch wenn sie wie Isabelle dann auch noch recht groß sind, stößt unsere normierte Kleidungsindustrie rasch an ihre Grenzen. Glücklicherweise misst unsere Verkäuferin auch an die 1,80 und wusste aufgrund ihrer

Schwangerschaft um die Schwierigkeit, angemessene Klamotten zu finden. Isabelle schlüpft also in eine perfekt sitzende Hose, die ich gekonnt mit den schmeichelhaften Worten: „Nee du, hör mal, du legst die nächsten Wochen noch ordentlich zu. Nimm die zwei Nummern größer." ablehne. Einsichtig und vernünftig, wie meine Herzallerliebste nun einmal ist, stimmt sie mir zu, nimmt aber aus Trotz gleich zwei Hosen in verschiedenen Größen sowie noch eine Reihe weiterer Textilien, die nicht mehr recht wahrnehme, weil ich nun doch aus alter Gewohnheit bereits abgeschaltet habe.

Bevor wir den Heimweg antreten, erstehen wir in einem weiteren Laden noch ein Shirt mit dem Aufdruck „Ich bin bald eine große Schwester" für mein Lottchen. Nächste Woche werden wir nämlich in kurzer Folge allen wichtigen Personen in unserem Umfeld endlich die frohe Botschaft verkünden. Alle Familienmitglieder und Freunde sollen jetzt wissen, dass wir ein Kind erwarten. Schließlich brauchen wir noch jede Menge Zeug und die Sippe hat dann noch genügend Zeit, ihrerseits kräftig shoppen zu gehen.

Woche 17 – Familienbande

Nun ist es also soweit. In dieser Woche wollen wir unsere frohe Kunde in alle Welt hinausschreien. Bei der Abfolge der zu Informierenden gibt es aber eine präzise Rangordnung einzuhalten, um potentielle Verärgerungen besonders der nahen Verwandten zu verhindern. An allererster Stelle steht natürlich mein Lottchen, deren Reaktion für mich besonders wichtig und auch kaum vorauszusehen ist. Gleich dahinter folgen Eltern, Geschwister und Großeltern. Das ist bei mir relativ einfach, denn diese Gruppe besteht bei meinem familiären Strang nur aus zwei Personen. Bei Isabelles Sippe hingegen braucht es schon eine kleine List, um möglichst viele direkte Verwandte an einen Tisch zu bekommen.

Mein Lottchen sitzt auf der Couch und ist so nichtsahnend, wie es eine Fünfjährige nur sein kann. Ich sage ihr, ich hätte ein Geschenk für sie und überreiche ihr das bedruckte Shirt, das wir in der Vorwoche kauften. Die Begeisterung hält sich ja bei Kindern stets sehr in Grenzen, wenn es nur Kleidung und kein Spielzeug gibt. Außerdem waren auf dem Shirt weder Feen noch Prinzessinnen oder wenigstens Pferdchen zu sehen. „Was steht da?“ fragt mich mein Lottchen und meint den für sie unverständlichen Schriftzug. „Ich bin bald eine große Schwester.“ sage ich und versuche zu ergründen, inwieweit sie das richtig deutet. „Hä? Mama will doch keine Kinder mehr.“ antwortet Lottchen entschieden und sieht mich verwirrt an. Jetzt beginnt der schwerste Teil für mich. Es ist gar nicht so leicht, einem kleinen Kind klarzumachen, was Halbgeschwister sind und warum das nichts Schlimmes ist. „Also ist da ein Baby in Isabelles Bauch, was du da reingezaubert hast, so wie du mich in Mamas Bauch gezaubert hast?“ Ich bejahe. Bei Lottchen zeigt sich keine eindeutige Regung. Sicher muss sie das erstmal verarbeiten. Ich hingegen habe einen dicken Kloß im Hals und bin ziemlich verunsichert, wie meine kleine Tochter mit dem neuen Umstand umgehen wird. Aber da werde ich ihr einfach noch Zeit geben müssen.

Wenige Tage später sitzen Isabelle und ich mit meiner Mutter und meiner Oma am gemeinsamen Kaffeetisch und begehen den zufällig anfallenden Geburtstag meiner Mutter auf eher unspektakuläre Weise. Ihren Geburtstag nehmen wir zum Anlass, unsere besondere Überraschung zu verkünden. Noch einmal wird also Isabelle so ausstaffiert, dass man die nun schon sehr deutliche Wölbung nicht auf den ersten Blick wahrnimmt. Wir überreichen meine Mutter eine Geburtstagskarte, in die wir ein Ultraschallbild unseres Sohnes geklebt haben. Ihre Reaktion ist ehrlich überrascht, aber nicht ganz so herzlich, wie ich es mir gewünscht hätte. Ganz anders hingegen meine 81jährige Oma. Es dauert zwar eine putzige Weile, bis sie verstanden hat, was wir ihr mitteilen wollen, aber dann reagiert sie so offen, ehrlich und herzlich, wie man es sich bei seiner eigenen Familie nur wünschen kann.

Der weitaus aufwändigere Teil des dreiteiligen Überraschungsplans beginnt am nächsten Tag. Isabelles Schwester Natalie hat eine neue Wohnung bezogen und nimmt diesen eher spröden Anlass als Gelegenheit, sowohl ihre Mutter als auch alle drei Geschwister zu einer Art Einweihung einzuladen. Da Natalie ja bereits über die Schwangerschaft Bescheid weiß, nutzen wir ihre Wohnungseinweihung, um einen Überraschungscoup zu planen. Absichtlich reisen wir etwas später als der Rest der Familie an und klopfen an der Hintertür, wo Natalie uns eigentlich nur eben reinlassen soll. Stattdessen bricht Isabelles jüngere Schwester in schallendes Gelächter aus. Offenbar hat sie ihre sonst so schlanke und sportliche Schwester noch nie in derartigen Ausmaßen gesehen. Dieses Mal muss Isabelle ja auch nichts mehr kaschieren, sondern streckt das Bäuchlein und die üppigen Brüste fein in die Herbstsonne heraus.

Gemeinsam treten wir auf die Terrasse, auf der Mutter und Brüder bereits Platz genommen haben. Ihre Blicke treffen uns und – es geschieht nichts. Sind die denn blind? Ich tätschele Isabelles Bauch. Ihr jüngerer Bruder Lukas ist der Erste, der aufspringt und uns mit Anstand gratuliert, ehe er sich wieder seinem Handy zuwendet. Ihr älterer und stets aus Unsicherheit etwas besserwisserischer Bruder Markus folgt brav, scheint aber auch nicht so unglaublich aufgeregt zu sein. Doch was ist mit Isabelles Mutter? Schnallt sie es nicht oder ist sie schockiert? Erst jetzt bemerke ich, wie die liebe Frau zittert. Sie ist völlig überwältigt und ist auf eine rührende und zugleich unterhaltsame Weise sprachlos. Natalie bietet derweil Sekt an, lässt aber aus Gewohnheit ihre Mutter aus, da diese dem Alkohol normalerweise nichts abgewinnen kann. Dieses Mal aber reißt die Mama dem nächstbesten Sohn das Glas aus der Hand und stürzt das Prickelwasser mit einem Zug hinunter. Mich persönlich freut diese unkaschierte Reaktion. Sie zeigt, wie sehr sich Isabelles Mutter für uns und sich selber freut. Sie hat vier Kindern das Leben geschenkt und war dennoch bislang keine Großmutter geworden. Heute zeigt sich, wie viel ihr das offenbar bedeutet. Da kann ich ihr nicht einmal verübeln, dass ich als werdender Vater in den folgenden redseligen Stunden kaum eine Erwähnung wert bin. In der Lebenswelt ihrer Generation ist das Kinderkriegen Frauensache und wir sollten über die Diskrepanzen zwischen ihrer und meiner Vorstellung der Vaterrolle noch einige Male unsere Differenzen haben. Doch hier und heute sehe ich auf eine noch immer zitternde werdende Oma, eine noch immer grinsende Natalie, einen noch immer aufs Handy starrenden Lukas und einen immer etwas zu besserwisserischen Markus an einem Tisch mit meiner wunderbaren schwangeren Frau und mir - einem Mann, dessen Familie dabei ist, noch größer zu werden als zunächst angenommen.

Woche 18 – Die Möbelaktion

Wenn man ein Kind erwartet, steht früher oder später ein Besuch im Möbelhaus an. Das ist ein unverrückbares und unantastbares konstitutives Element einer werdenden Familie. So wie ein ordentlicher Streit, nur mit mehr Leuten drumherum, dafür ohne Versöhnungssex. Bei uns lag buchstäblich nichts näher als IKEA, der Tempel der Wohnlust für junge und nicht mehr ganz so junge Paare mit den unseren vergleichbaren finanziellen Möglichkeiten.

Nun darf ich sagen, dass meine geliebte Isabelle in keinster Weise den gängigen Klischees entspricht, wenn es ums Shopping geht. Das gilt auch und erst recht für IKEA. Sorgfältig und planerisch wie sie nun einmal ist, druckt sie vorab eine exakte Liste aus mit den Dingen, die wir einzukaufen gedenken und wir sollten auch tatsächlich nicht davon abrücken. Nicht einmal die obligatorischen Teelichter wandern zusätzlich in unseren Einkaufskorb. Prall gefüllt wird der Wagen dennoch, denn unsere Aufgabe bestand in nichts weniger als der Transformation eines typischen Selbständigen-Pärchen-Haushaltes inklusive Büro in ein Familienparadies mit Bettchen, Wickelkommode, Regalen, Schränken und flauschigen Teppichen. Sogar mein Lottchen sollte bei dieser Gelegenheit eine neue Zimmereinrichtung bekommen, die sie sich später mit ihrem Brüderchen würde teilen müssen. Als Verstärkung hatte ich mir meine Kumpels Micha und Barsch gerufen, die brav den Anweisungen Isabelles

Folge leisteten, bis alle rund 40 Pakete kreuz und quer übereinander in der Wohnung lagen.

Um überhaupt wieder treten zu können und auch, um die Anwesenheit der Helfer auszunutzen, schließt sich an die Beschaffung direkt auch der Aufbau an. Auf den kräftigen, aber leider mit wenig Ausdauer gesegneten Barsch müssen wir dabei vorerst verzichten. Wie ein Maikäfer pumpend liegt er auf der neuen, noch eingeschweißten Kinderbettmatratze und legt ein wohlverdientes dreistündiges Päuschen ein. Sein dicker Bauch hebt und senkt sich unter den tiefen Atemzügen, während seine dicken tätowierten Arme links und rechts von der Matratze hängen. Aufrecht stehend konnte man vor Barsch echt Angst haben, aber liegend auf einer Kindermatratze, wohlig rüsselnd, wirkt er genau so sanft, wie er sein konnte, der alte Haudegen. Micha und ich hingegen machen uns ans Werk und beginnen mit dem Aufbau des ersten Schranks. Umsichtig wie wir nun einmal sind, legen wir bald eine kleine Pause ein. Man darf sich schließlich nicht schon zu Beginn verausgaben. Isabelle hingegen schraubt fleißig weiter. Abgesehen davon, dass sie sich generell gern am Möbelaufbau beteiligt, scheint sie unglaublich motiviert zu sein. Offenbar hat ihr die neu gewonnene Lebensqualität durch die nachlassende Übelkeit einen wahren Leistungsschub versetzt. Sie kann wieder, also macht sie auch. Kurz überlege ich, ihr aus Vorsicht Einhalt zu gebieten. Doch wer bin ich, meiner Frau

Vorschriften zu machen!? Stattdessen aktiviere ich die Playstation und reiche Micha den zweiten Controller.

Es ist toll, aus den typischen Klischees ausbrechen zu können, denke ich noch, bevor ich Micha die vierte bittere Niederlage in Folge in meinem Fußballspiel auf der Konsole verpasse. Isabelle würde niemals verlangen, dass ich allein die Möbel aufbaue, nur weil ich der Mann bin und sie schwanger. Geschwind und flink zimmert sie eine Kommode nach der anderen zusammen und ich weiß, dass sie es gern tut und dass sie es möchte. Ich überlege derweil, mit welchem leckeren Essen ich sie morgen belohnen könnte. Ich würde nämlich auch nie verlangen, dass sie kocht, nur weil sie eine Frau ist und ich hungrig. Das wäre einerseits nicht fair und angesichts ihrer Fähigkeiten in der Küche auch potentiell gefährlich für Wohnung und Gesundheit.

Gerade als Micha mental unfähig ist, eine weitere Niederlage zu verkraften und der dicke Barsch sich umständlich hochgewuchtet hat, beschließt Isabelle, es auch gut sein zu lassen und steht von ihrer improvisierten Werkstatt auf. In der Wohnzimmertür hält sie inne und hält sich plötzlich mit beiden Händen am Türrahmen fest. Ich bin sofort alarmiert und eile zu Hilfe. „Ist schon okay." sagt sie. „War nur so ein Piksen in der Hüfte. Hab wahrscheinlich zu lange da am Boden so schief gesessen beim Schrauben." Dann scheint es wieder zu gehen und wir verabschieden unsere Helfer. Wir blicken uns um. Sehen

Kindermöbel und ein Babybettchen. Isabelle strahlt. Wir werden bald eine Familie sein.

Woche 19 – Zu früh gefreut

Niemand hatte erwartet, dass diese Schwangerschaft wirklich so problemlos und nach Plan abläuft wie in den Magazinen beschrieben. Von dieser Hoffnung waren wir spätestens nach den Übelkeitsattacken der ersten Monate genesen. Doch nun zeigt sich das Schicksal von seiner ganz gemeinen Seite. Isabelle plagen mörderische Kopfschmerzen. Wirklich fiese, widerliche, einseitige Kopfschmerzen, die ihr das Gefühl geben, das Auge würde gleich rausploppen. Doch das Allergemeinste daran ist: ihr wird davon schlecht.

Erneut liegt also meine geliebte Isabelle wie ein Häufchen Elend im Bett, ihr bester Freund, der kleine blaue Eimer, wacht direkt daneben. Im Normalfall würde man jetzt einfach ein paar Pillen einschmeißen und ein bis drei Espresso trinken. Doch ausgerechnet die hilfreichsten Tricks sind in der Schwangerschaft ja tabu. Einzig das nur mittelmäßig wirksame Paracetamol darf eingenommen werden und selbst in diesem Fall plagen die vorbildliche Isabelle schon Gewissensbisse. Ich stelle mir vor, wie naiv und gewissenlos manche Schwangere sich Schmerzmittel reinschmeißen, mit einem Schluck Bier runterspülen und sich anschließend eine Kippe genehmigen, ohne dass es dem Ungeborenen etwas ausmacht. Und dann sind da jene, die sich vorbildlich verhalten, alles richtig machen und trotzdem kommt das Kind mit irgendeinem Defekt auf die Welt. Ich würde gern an

Karma, Gerechtigkeit oder ähnliches glauben, aber die herzlose Realität gewöhnt denkenden Menschen so einen Quatsch schnell ab.

Isabelle ächzt unter den Schmerzen und ich kann ihr nicht helfen. Ich versuche, mich zu informieren, doch der Tenor der Ratgeber und Fachleute ist eindeutig: Schwangere müssen da ohne Hilfe durch. Punkt. Man stelle sich vor, Isabelle würde eine Grippe bekommen oder auch nur eine starke Erkältung. In diesem Fall dürfte sie auch keine der herkömmlichen Mittel einnehmen, die sonst so gut und schnell Linderung verschaffen. Nicht einmal die vielfach beworbenen Einschlafsäfte kommen infrage, denn die bestehen bekanntlich zum Großteil aus Alkohol. Kein Wunder, dass die so gut beim Einschlafen helfen. Komisch nur, dass die Pharmaindustrie die noch nicht in praktischen Schnapsgläschen anbietet. Selbst natürliche Mittel sind nur begrenzt für Schwangere empfohlen, denn einige der Kräuterchen und Pflanzen in den homöopathischen Arzneien können angeblich spontan Wehen auslösen, was in der derzeitigen Phase der Schwangerschaft fatal wäre.

Ich lese in einem Forum von einer Schwangeren, die plötzlich heftige Zahnschmerzen bekam und bei der extrem peinigenden Behandlung nicht nur auf Schmerzmittel, sondern auch die lokale Betäubung verzichten musste. Eine andere stürzte und musste bei der anschließenden Behandlung einer Fraktur ebenfalls auf den Komfort einer Betäubung verzichten. Sicherlich sind das Extrembeispiele und Isabelles Kopfschmerzen werden auch nicht besser, wenn ich ihr erzählen würde, sie sei noch gut dran. Wahrscheinlich würde sie eher ziemlich rabiat reagieren – und das nicht zu Unrecht. Aber für mich verdeutlichen diese Geschichten einmal mehr, wie enorm facettenreich so eine Schwangerschaft den Alltag für eine Frau erschweren kann. Bleibt nur zu hoffen, dass der Lohn für all die Entbehrungen reichlich ausfällt und meine Frau bald wieder zu dem lebhaften und fleißigen Menschen wird, den ich so liebe. Bis dahin bleibt mir wohl nur, ihre Stirn zu streicheln und für sie da zu sein.

Gedacht, getan – also gehe ich ins Schlafzimmer und Isabelle… ist weg. Ich finde sie im Wohnzimmer, wo sie trotz Schmerzen und Übelkeit versucht, einige Dehnübungen zu machen. Gymnastik kann bei Kopfschmerzen helfen und hat auch keine Nebenwirkungen auf den Fötus. Das ist meine Isabelle! Zergeht nicht in Selbstmitleid und Kummer, sondern rafft sich auf und versucht, was eben so möglich ist. Zwar hält sie die Gymnastik nur wenige Minuten durch und verbringt den Rest des Tages wieder im Bett, doch der Wille zählt – und davon hat meine Isabelle eine ganze Menge.

Woche 20 – Der Tritt

„Er tritt." Isabelles Augen leuchten. Sie spürt seit kurzem unseren Sohn ganz deutlich in ihrem Bauch herumstrampeln. Zuvor war es nur ein unbestimmbares Kribbeln, bei dem sie nicht wusste, ob es wirklich vom Baby kam oder vielleicht nur aus ihren eigenen Eingeweiden. Doch jetzt ist es offenbar ganz eindeutig. Der kleine Mann macht sich bemerkbar und wird so noch ein bisschen realer. Zumindest für sie.

„Spürst du ihn jetzt häufiger?" frage ich Isabelle und schaue sie erwartungsvoll und aufgeregt an. Sie antwortet wie immer relativierend. „Ich bin mir oft nicht sicher. Mag sein, dass es Timmy ist. Vielleicht sitzt mir aber auch nur ein Pups quer." Es ist erfrischend, wie problemlos meine Frau von der Eleganz des Abendkleides über die Professionalität des Bürokostüms in die Klarheit der Jogginghose wechseln kann. „Woran merkst du das denn dann?" will ich wissen. „Keine Ahnung." sagt sie. „Ich weiß es doch auch nicht, ich bin ja auch zum ersten Mal schwanger." Ich verstehe ihre Unsicherheit. Aber was soll ich denn sagen? Ich sitze gleich neben ihr und bin doch so außerhalb der Schwangerschaft wie man nur sein kann. Mir bleibt jetzt und auch in den nächsten Monaten nichts übrig außer sie immer wieder zu fragen, wie es sich anfühlt, wenn unser Sohn in ihr strampelt. Denn selber erleben werde ich es schließlich nie.

Wenn es um die Schwangerschaft geht, heißt es immer, wir Männer hätten es so gut. Wir haben kein Hormonchaos, keine Übelkeit und keine plötzliche Gewichtszunahme. Bei uns verändert sich nichts Körperliches und wir können eigentlich unser Leben genauso weiterführen wie bisher. Kaum jemand bedenkt, dass es uns Männern auf der anderen Seite aber auch nicht vergönnt ist, so einzigartige Dinge zu erleben wie eben die Bewegungen unseres Kindes in uns zu spüren. Vielleicht werden die meisten Männer über so einen Gedanken lachen oder ihn abwegig finden. Aber insgeheim hat jeder noch so markante Handwerker-Papa bestimmt schon mindestens einmal darüber nachgedacht, wie es wäre, wenn er seinen Nachwuchs jetzt schon spüren könnte und nicht erst am Ende der Schwangerschaft durch die Bauchdecke seiner Frau.

Es gibt die psychoanalytische Theorie, nach der Männer einen regelrechten Neidkomplex auf die Gebärfähigkeit der Frau entwickeln und diesen nur gelernt haben zu unterdrücken. Soweit würde ich nun nicht gehen, aber umso länger ich darüber nachdenke, umso wehmütiger werde ich, wenn ich mir vergegenwärtige, dass ich diese spezielle und so wunderbare Sache niemals werde erleben können. Ich denke an Filme und Geschichten über Frauen, die aufgrund von Krankheit oder Alter nicht oder nicht mehr gebären können. Diese Frauen werden meist als sehr traurig und bemitleidenswert dargestellt. Ich finde, auch wir Männer dürfen uns wenigstens einmal ganz kurz so traurig und bemitleidenswert fühlen. Wir werden niemals eine so enge Bindung zu unserem Kind haben wie die Mama während der Schwangerschaft und später bei der Geburt und beim Stillen. Wir sind der Außenstehende, der irgendwann einmal zwischen stobenden Federn seine Pflicht getan hat und seitdem eigentlich nicht mehr essentiell wichtig ist. Ich würde mich freuen, wenn die Mamas dieser Welt diesem Umstand auch einmal einen Gedanken widmen würden und vielleicht sogar noch mehr daraus ersehen, welches Wunder ihnen da widerfahren ist.

Ich lege meine Hand auf Isabelles Bauch und konzentriere mich. Aber ich kann beim besten Willen noch nichts spüren. Ich lege mein Ohr auf ihre weiche Haut, doch ich höre bestenfalls Magengrummeln. Ich weiß, dass mein Sohn da drin schlummert. Ich sehe auf dem Ultraschallgerät der Frauenärztin, wie er sich bewegt. Doch ich fühle ihn nicht. Noch nicht. Doch eines Tages da wird er kräftig genug sein und er wird die Haut meiner geliebten Frau nach außen dehnen und sein kleines Füßchen mir entgegenstrecken und dann werde auch ich ihn wahrnehmen und spüren. Und wenn alles gutgeht, dann werde ich ihn bald im Arm halten und alles an Körperkontakt und Gefühl nachholen, was mir bislang verwehrt geblieben ist.

Woche 21 – Brüderchen TV

Ich habe ja schon oft mein Lottchen erwähnt, also jene Fünfeinhalbjährige, die mir eine frühere Beziehung geschenkt hat und für die ich noch immer jeden Tag dankbar bin, selbst wenn sie partout nicht aufhören will zu plappern. Ihr zu sagen, dass sie bald große Schwester wird, war für mich eine der aufregendsten Momente der vergangenen Wochen. Nun verbringt sie mal wieder ein Wochenende bei uns und bleibt diesmal sogar etwas länger, damit sie am darauffolgenden Montag ihr Brüderchen im Ultraschall-Fernsehen sehen kann.

Ich versuche, mir vorzustellen, was in meinem Lottchen vorgeht. In ihrer kindlichen Vorstellung heiratet ein Mann eine Frau und zaubert ihr dann irgendwie mit Hilfe dieses komischen Pillermanns ein Baby in den Bauch. Dass Mama und Papa irgendwann nicht mehr zusammen sind, ist in dieser Vorstellung nicht vorgesehen und allein meine damalige Trennung von ihrer Mutter hat ihr schwer zu schaffen gemacht. Mittlerweile aber hat sie sich erstaunlich gut an den neuen Umstand gewöhnt und hat auch Isabelle als neue Frau an meiner Seite akzeptiert und mag sie. Dass Papa nun auch der neuen Frau ein Baby gezaubert hat und dass sie irgendwie Bruder und Schwester sein werden, das scheint momentan aber noch ein wenig überfordernd zu sein. Deswegen darf sie heute also mitkommen und sich buchstäblich ein Bild von ihrem zukünftigen Halbbruder machen.

Bei unserer Frauenärztin, mit der wir nach wie vor sehr zufrieden sind, angekommen, merkt man meinem Lottchen die Unsicherheit aufgrund der unvertrauten Umgebung deutlich an. Sie klammert sich an meine Hand und bringt kaum ein Wort heraus, auch wenn die Ärztin sich sichtlich Mühe gibt, die Kleine in den Termin mit einzubeziehen. Sehr genau beobachtet mein Lottchen, wie sich Isabelle entkleidet, sich auf die Liege legt und den Bauch mit dem glibberigen Gel eingeschmiert bekommt, das stets vor einem Ultraschall aufgetragen wird. Ich erkläre ihr, dass das Gerät in der Hand der Ärztin eine Art Fotoapparat ist. „Du meinst Digicam?" entgegnet sie. „Äh, ja." sage ich und wieder mal wird mir bewusst wie alt sie schon ist und wie alt ich schon bin. Dann zeige ich auf den Monitor und sage, dass man dort sehen kann, was die Kamera aufnimmt. „Du meinst wie bei Skype?" fragt sie und ich frage mich daraufhin, ob wir digitalen Menschen vielleicht gegenüber unseren Kindern manchmal etwas analoger sein sollten.

Der Ultraschall beginnt und Lottchen starrt zunächst gebannt auf den Bildschirm. Doch schon nach einigen Augenblicken wirkt sie unkonzentriert und abgelenkt. Wahrscheinlich fällt es ihr sehr schwer, auf den körnigen grauen Ausschnitten so etwas wie ein Lebewesen zu erkennen, zumal Timmy mal wieder sehr kamerascheu ist. Kein Wunder, sie ist schließlich Full-HD gewöhnt. Vielleicht mute ich ihr auch zu viel zu. Erst die abstrakte Vorstellung eines Geschwisterchens im Bauch einer anderen Mutter und dann auch noch diese komische Arztpraxis mit dem merkwürdigen Stuhl, dem Glibbergel und dem schwarz-weißen Skype. Es wird wohl noch eine Weile dauern, bis mein Lottchen wirklich realisiert, was geschieht. Vielleicht wird es auch bis zur Geburt dauern, ehe sie versteht, dass sie bald ein Brüderchen haben wird. Sie wird ihn sicher nicht so oft sehen wie andere Geschwister einander, aber sie wird eine große Schwester sein und damit ein Erlebnis mehr haben als ihre leiblichen Eltern, die ollen einsamen Einzelkinder aus dem Osten.

Wenige Stunden später bringe ich mein Lottchen in ihr neues IKEA-Bett, welches wir im Zuge der großen Möbelaktion angeschafft haben. In der Hand hält sie einen Ausdruck eines Ultraschall-Standbildes, den ihr die Ärztin zum Abschied geschenkt hatte. Was darauf zu sehen ist, könnte man mit Fug und Recht als Hamster oder U-Boot bezeichnen, vielleicht auch als Fötus-Torso. Oder als Schneematsch im Februar, aber das ist alles eher spekulativ. Mein Lottchen sieht darauf ihr Brüderchen und hält das Bild ganz fest. Gerade als ich denke, sie wird gleich einschlafen, beginnt sie zu fragen, so wie sie es immer tut, wenn die vielen Eindrücke des Tages verarbeitet werden wollen. „Wann kommt Timmy?" „Wo schläft Timmy denn dann?" „Bin ich dann immer noch so oft bei dir?" Ich versuche, ihr zu vermitteln, dass sich für sie nicht viel ändern wird und dass ich immer für sie da sein werde. „Und wenn Timmy uns nervt und wir was zu zweit machen wollen, dann drücken wir ihn einfach

Isabelle in die Hand und hauen ab!“ sage ich grinsend und ernte Zuspruch. Lächelnd schläft mein Lottchen ein und ich gehe mit dem Gefühl aus dem Zimmer, dass hier jemand eine ganz stolze große Schwester werden wird.

Woche 22 – Kuchenteig

Vor allem bei Risikoschwangerschaften und Anzeichen von Unregelmäßigkeiten wird heutzutage oft ein sogenannter Feinultraschall vorgenommen. Bei diesem Ultraschall in der Premium-Version können Auffälligkeiten entdeckt und Hinweise auf mögliche Probleme und Risiken gesammelt werden. Auch wir haben so eine Feindiagnostik wahrgenommen und hatten viel Spaß bei der Interpretation dieser undefinierbaren Masse Kuchenteig, die einmal unser Sohn werden will.

Als der Arzt, der den Feinultraschall durchführt, mit der Untersuchung beginnt, sind wir zunächst sehr ruhig und entspannt. Dank des ebenfalls von diesem Arzt durchgeführten Praena-Tests sind wir uns ziemlich sicher, dass mit unserem Timmy alles in Ordnung ist, auch wenn eine Menge Auffälligkeiten existieren, die jener Frühtest nicht erkennen kann. Wir sind einfach sehr optimistisch, dass es Timmy umso besser geht, je mieser es der armen Isabelle geht und diese unlogische, aber die Dinge erträglicher machende Gleichung geht sicher auch diesmal auf. Der Arzt erklärt, dass selbst messbare Auffälligkeiten in mehr als 50% der Fälle letztendlich nichts zu bedeuten haben. Es sei nur ratsam, dann den nächsten Schritt zu machen und weitere Untersuchungen folgen zu lassen. So ruhig und entspannt ich auch wirke in diesem Moment, in meinem Kopf beginnt es doch wieder zu rattern. Was machen wir, wenn es

Auffälligkeiten gibt? Wie egal sind einem Wahrscheinlichkeiten, wenn man Angst hat? Welche Konsequenzen sind wir bereit zu ziehen? Welche nicht? Eine Schwangerschaft ist nichts für Nervenschwache…

Der Arzt führt den Sensor behutsam über Isabelles Bauch. Auf dem gelblichen Bild auf dem Monitor ist nichts zu sehen, was an einen Menschen erinnert. Der Arzt murmelt zwar ab und zu etwas von „Kopf sieht bestens aus." „Nabelschnur ok." und „Wirbelsäule unauffällig", doch ich erkenne so gut wie keine der genannten Bauteile auf Anhieb. Plötzlich stockt der Arzt. Mein Herz stockt mit. „Was ist?" frage ich hektisch. „Alles gut" meint der grauhaarige Mediziner und sagt gütig, ich solle mir bitte keine Sorgen machen, wenn er mal stocke. „Ich muss mich manchmal ein wenig mehr konzentrieren, um alles zu erkennen." Das leuchtet mir ein, denn ich erkenne schließlich gar nichts. Die ruhige, fast großväterliche Art des Arztes tut mir gut. Der Mann hat alles im Griff, so scheint es. Und so gehe ich dazu über, aus dem gelben kuchenteigartigen Bild auf dem Monitor so etwas wie meinen Sohn herauszuinterpretieren.

Wenig später sitzen wir wieder im Wartezimmer und betrachten eine Reihe von Ausdrucken, auf denen Kuchenteig in verschiedenen Backformen zu sehen ist. Auf einem derartigen Bild etwas erkennen zu wollen, hat etwas von Bleigießen zu Silvester. Jeder sieht etwas anderes, nur ich sehe nix. Das da könnte ein Arm sein. Oder ein Bein. Oder ein Stück Plazenta. Meine Güte, wir schießen Bilder von entfernten Galaxien und von atomaren Partikeln, aber kriegen keine Fötusfotos in HD hin. Irgendwie wandern Forschungsgelder hier in die falsche Richtung. Isabelle rät auch fleißig mit. „Er hat deinen Mund. Guck mal, die typische Schnute!“ lacht sie und leuchtet mich an wie nur sie es kann. Tatsächlich erkenne ich jetzt den Kopf und auch das Gesicht im Profil. Er zieht tatsächlich eine Schnute. Doch was noch viel wichtiger ist: unser Timmy bekommt ein Gesicht.

Woche 23 – Kindersegen

Es scheint, als würden Schwangerschaften innerhalb eines Bekanntenkreises oft gehäuft auftreten. Als wäre es eine ansteckende Seuche oder eine Art Gruppenzwang-Ritual. Vielleicht sind die befreundeten Paare auch untereinander in einem Wettbewerb oder neiden sich die Fortpflanzung. Vielleicht ist es auch nur Zufall und es kommt halt in jener relativ kurzen Phase, in denen die Frauen aus dem Bekanntenkreis gebärfähig und gleichsam - freudig sind vermehrt zu Schwangerschaften. Jedenfalls besuchten Isabelle und ich in dieser Woche gleich drei kleine Familien, die mehr oder weniger jüngst Zuwachs bekommen hatten.

Als eine der ersten Gratulanten fahren wir zunächst zu Micha und Sarah ins Krankenhaus, um deren neugeborenen Sohn zu bestaunen, dessen Namen wir mitsamt den üblichen Daten vor wenigen Stunden erst per SMS erfahren haben. Auf der Fahrt dorthin denken wir an die Namensfindung bei unserem Sohn zurück. Tim stand bereits sehr früh als Name fest. Eigentlich schon, bevor wir uns überhaupt zu einem Kind entschlossen hatten. Eher aus einer Laune heraus befragten wir uns gegenseitig und waren uns auf unspektakuläre und trotzdem irgendwie romantische Weise sehr schnell einig. Natürlich hatten auch wir einen dieser berühmten Zettel mit einer Namensliste, doch Tim war von Anfang an unser Favorit. Kurz, nicht so exotisch und nicht sonderlich klischeebehaftet. Die Kürze des Namens war uns vor allem deshalb wichtig, weil er meinen langen Nachnamen bekommen soll. Auch hier waren wir uns schnell einig – ganz ohne Gender-Diskussion und zwanghaften Kampf gegen den überkommenden Chauvinismus. Isabelle und ich würden irgendwann heiraten und dann heißen wir alle so wie ich. Weil wir beide es so wollen. Naja, und Tim hat halt keine Wahl, aber dafür kriegt er Essen umsonst und darf einfach lospullern wenn er muss. Das ist ein fairer Deal, glaube ich.

Im Krankenhaus angekommen, begrüßen wir einen sichtlich stolzen Micha und eine noch sichtlicher abgekämpfte Sarah sowie ein kleines Bündel Leben, das kaum länger als zwei Tage auf der Welt ist. Wie klein und zerbrechlich dieses Wesen ist. Wie zierlich und doch so stark, dass es den Widrigkeiten der Welt zu trotzen vermag. Ein ganz besonderer Zauber liegt in einem Raum, wenn ein Neugeborenes anwesend ist. Alles verstummt, der Krach der Erwachsenen-Welt wird zu einem Flüstern. Die Zeit scheint stillzustehen und fast andächtig verharrt man vor der Reinheit und Unschuld dieses kleinen Lebens, wohl wissend, dass diese Unschuld mit jedem neuen Tag geringer wird. Ich empfinde Scham und Neid ob dieser Reinheit, doch nach außen tritt nur die Freude. Freude für meinen besten Freund, seine Frau und für Isabelle und mich, weil auch uns dieses Ereignis bevorsteht. Isabelle hält den Kleinen im Arm, unsicher und doch voller Faszination. Es scheint, als würde ihr hier in diesem Moment bewusst werden, wie real und endgültig es ist, schwanger zu werden und ein Kind zu bekommen. Doch keine Angst spiegelt sich in ihren Augen, nur Freude. Und Vorfreude.

Wenige Tage später sitzen wir bei Nicole auf der Couch und würden uns gern mit ihr unterhalten, doch ihre mittlerweile dreimonatige Tochter schreit ununterbrochen. Nicole, eine bis vor kurzem noch selbstbewusste und freche junge Frau, wirkt sichtlich mitgenommen. Offenbar ist dies nicht die erste und wohl auch lange nicht die letzte Schreiattacke, die ihrem Töchterlein aus der Kehle donnert. Ich kann deutlich erkennen, wie sie sich bemüht, ein höflicher Gastgeber zu sein, obwohl ihr zwei weitere Menschen, die gern ihre Aufmerksamkeit hätten, eindeutig zwei zu viel sind. Als ich kurz darauf anbiete, jetzt vielleicht doch wieder aufzubrechen, nimmt Nicole dankbar an. Es ist gut für uns, daran erinnert zu werden, dass ein Baby auch Phasen hat, in denen es nicht so niedlich ist. Auch darauf müssen wir vorbereitet sein. Doch wir sind beide Realisten genug, um uns da keine Illusionen zu machen, auch wenn die nachtschreiende Realität uns bestimmt trotzdem hart treffen wird. Hier heute bei Nicole haben wir einen kleinen Vorgeschmack bekommen.

Zuletzt sind wir bei meinem alten Schulfreund Fabian eingeladen, dessen Sohn schon stolze zehn Monate alt ist und von einer leuchtenden Putzigkeit, dass man unentwegt lächeln muss, wenn man ihn ansieht.

Natürlich sind auch Fabian und seine Frau leicht mitgenommen aufgrund der Belastungen, die auch ein putziges Kind in diesem Alter noch mitbringt, doch in ihren Augen findet sich auch ehrliche und wunderbare Glückseligkeit. Es ist diese Zufriedenheit, die uns an jenem Nachmittag erneut bestätigt, dass wir die richtige Entscheidung getroffen haben. All diese lieben Menschen, die Teil unseres Lebens sind, haben jeder für sich diese Entscheidung getroffen und sie hat sie glücklich gemacht. Auch uns wird sie glücklich machen. Daran glauben wir nun fester denn je.

Woche 24 – Der letzte Geburtstag

Isabelle hat Geburtstag. Genaugenommen ist das sogar erst der zweite Geburtstag, den wir gemeinsam feiern. Entsprechend groß sollte gefeiert werden, entsprechend ausgefallen müsste mein Geschenk sein, entsprechend riesig darf das Trara darum sein. Ist es aber nicht. Eigentlich ist es ein ganz normaler Tag. Auch die Übelkeit und die Kopfschmerzen nehmen sich keine Auszeit und beglückwünschen Isabelle auf ihre Weise. Doch wir sind auch ohne große Party zufrieden. Wenn man ein Kind erwartet, verschieben sich die Prioritäten und das empfinden wir beide auch als gar nicht so schlimm.

Zugegeben, wir sind nicht mehr die Allerjüngsten und in unserem Alter – so Anfang bis Mitte Dreißig – spielen wilde Partys bei den wenigsten noch eine große Rolle. Trotzdem ist es ein gewisser Einschnitt für das eigene Leben, nicht mehr nur für sich selbst zu planen und verantwortlich zu sein, sondern immer auch Rücksicht auf jemanden zu nehmen, der seine Bedürfnisse noch nicht eigenständig durchsetzen kann. Das gilt ja bereits schon, wenn dieser jemand sich technisch gesehen noch nicht einmal unabhängig auf der Welt befindet. Also mummeln Isabelle und ich uns gemütlich auf der Couch ein, halten uns und ihren Bauch in den Armen und genießen den letzten Geburtstag zu zweit, obwohl wir eigentlich ja jetzt schon zu dritt sind. Genaugenommen sind wir sogar zu viert. Isabelle, ich, Timmy und der Terminator.

Isabelles totale Unkenntnis von Filmklassikern ist weit über die Stadtgrenzen hinaus legendär. Sie kennt so gut wie keine Filme. Allenfalls Titanic, aber das zählt nur halb, weil nur die weibliche Hälfte der Bevölkerung diese Schnulze aushält, ohne sich spontan im Eismeer ersäufen zu wollen. Ihre Schwangerschaft und somit ihre nachhaltigen Einschränkungen in Sachen Arbeit, Weglaufen und Sich-Wehren nutze ich also heute und auch noch zu verschiedenen anderen Gelegenheiten schamlos aus und präsentiere ihr eine feine Auswahl cineastischer Highlights aus den vergangenen Jahrzehnten. Obwohl sie sich sichtlich sträubt, bleibt ihr wohl keine Wahl und sie gibt sich mir und Arnie hin wie Sarah Connor sich einst Kyle Reese. Den Umstand, dass sie immer noch Geburtstag hat und womöglich die Abendgestaltung zumindest teilweise mitbestimmen sollte, lasse ich gekonnt außer Acht. Schließlich hat sie von mir ja schon ihre Lieblingstorte bekommen. Natürlich selbstgemacht und mit Kalorien reich verziert.

Ich persönlich finde es völlig in Ordnung, wenn Schwangere sich mehr als jeder andere auf die faule Haut legen und sich einen Film nach dem anderen reinziehen. Das gilt nicht nur für Isabelle und die anderen Leidensgenossinnen, die mit den schweren Begleiterscheinungen der Schwangerschaft zu kämpfen haben, sondern generell für alle Damen in freudiger Erwartung. Ich bin überzeugt, die ganze fast zehnmonatige Prozedur zehrt nicht nur an den physischen Kräften, sondern setzt einem auch mental ziemlich zu. Die Sorge um das zerbrechliche Leben, die Angst vor der ungewissen Zukunft. Da ist es nur nachvollziehbar und richtig, sich ab und an mal zu entspannen und einfach nichts zu tun. Viele Männer, die weiterhin schwer arbeiten gehen, scheinen das nicht so recht bedacht zu haben. Vor allem in der Spätphase der Schwangerschaft, wenn die holde Maid kaum mehr etwas leisten kann, spielen sie sich oft zum Superernährer auf, an dem ja wohl offensichtlich alles hängenbleibt. Ich finde, man(n) sollte diese paar Wochen mal die Arschbacken zusammenkneifen und einfach alles tun, was getan werden muss, ohne dafür gleich einen Verdienstorden einzufordern.

Isabelle sieht das offenbar ganz und gar nicht so. Sie ist einfach unfassbar unfähig, nichts zu tun. Eigentlich kann man mit ihr maximal eine Folge einer Serie gucken. Nach spätestens 20 Minuten fängt sie nämlich an, unkontrollierbar zu zappeln. Und man zappelt nicht, wenn der Terminator gerade am Terminieren ist. Ich halte sie ganz fest. Weniger aus Liebe, mehr aus Tadel. Doch es hilft nichts. Sie greift zum Handy und sucht im Internet nach Informationen zum Film. Dann wendet sie sich mir zu und fragt mich über angebliche Ungereimtheiten des Films aus. Okay, Mädchen, heute ist dein Geburtstag, deswegen lasse ich dir das durchgehen. Aber morgen, da, da, da geh ich wieder ins Büro. So.

Woche 25 – Gewissensfragen

Der gemütliche Abend an Isabelles Geburtstag gibt mir heute erneut zu denken. Das liegt nicht etwa daran, dass dem Film eindeutig nicht die nötige Aufmerksamkeit entgegengebracht wurde, sondern vielmehr an der Frage, ob werdende Väter aus Solidarität auch ihr soziales Leben einschränken sollten, oder ob es einem Mann auch weiterhin erlaubt ist, auszugehen, Freunde zu treffen und Alkoholika zu konsumieren. Die Erlaubnis bezieht sich dabei weniger auf die tatsächliche Einverständniserklärung der Frau als vielmehr auf das eigene Gewissen. Denn das ist bekanntlich der oberste Richter über unser Empfinden.

Grundsätzlich erscheint es als unlogisch, sich selbst einzuschränken, obwohl es dafür rein körperlich keine Gründe gibt. Während Schwangere ganz einfach keinen Alkohol trinken, laute Musik meiden und sich generell schonen sollten, haben derlei Sünden, vom werdenden Vater begangen, keinerlei Auswirkungen auf das Wohl des Fötus. Zumindest solange man nicht im Vollsuff über eine Teppichkante stolpert und mit dem Bierwanst auf den Babybauch fällt. Trotzdem plagen uns Männer viele Skrupel, wenn es darum geht, der eigenen Herzdame einen abendlichen Ausgang anzukündigen. Genau darin liegt wohl auch der Hund begraben. Wenn es sich nicht komisch anfühlen würde, wäre es offenbar okay. Aber gerade weil wir uns zieren, scheint es wohl doch nicht ohne weiteres normal zu sein. Nun haben die meisten Frauen ja durchaus etwas für ihren Mann übrig und meinen es wohl auch ganz ehrlich so, wenn sie ihm sagen, er könne ruhig mal abends weggehen. Doch ich glaube, innerlich würden sie sich trotzdem meist wünschen, er würde nicht gehen – und zwar ganz von sich aus.

Isabelle würde niemals auf die Idee kommen, mir irgendetwas vorzuschreiben. Nicht einmal dann, wenn es überaus angebracht wäre. Ihr ist das Selbstbestimmungsrecht jedes Menschen ein äußerst hohes Gut. Im Gegenzug setzt sie aber auch voraus, dass jeder die Konsequenzen seines Handelns selbst trägt – im Guten wie im Schlechten. Ich weiß, dass ich sie niemals werde fragen müssen, ob ich in die Kneipe gehen oder mit den Jungs zocken dürfe. Doch gerade das setzt mich besonders in der Schwangerschaft mental durchaus unter Druck. Isabelle würde mich niemals geradeaus anblicken und sagen: „Ich kann und werde dir nicht verbieten, irgendetwas zu tun oder zu lassen. Aber ich möchte dir sagen, dass ich dich gern bei mir habe und ich ohne dich abends zu Hause viel weniger glücklich bin." Doch das ist genau das, was sie fühlt und weil ich sie liebe und kenne, weiß ich das auch. Doch aussprechen möchte sie es nicht und das aus nachvollziehbarem Grund. Niemand mag Klammern. Doch in diesem Fall wäre es vielleicht sogar angebrachter und aufrichtiger. Denn wer seine Frau liebt, dem ist es nie egal, wie sie sich fühlt und kein spannendes Fußballspiel oder ein gutes Pokerblatt kann daran etwas ändern. Wenn ich weiß, es geht ihr weniger gut, wie kann ich dann ehrlich Vergnügen empfinden bei dem, was ich ohne sie tue. Nur, um der Welt zu zeigen: Hey, ich bin ein Mann, ich lass mir doch nichts verbieten!? Sicher nicht.

Ich denke an eine Bekannte aus meiner Studienzeit, die damals aus einer Unvorsichtigkeit heraus schwanger geworden war und bereits mit 19 ihr Kind bekam. Abgesehen von der reinen Schwierigkeit, als junge Frau Studium, Nebenjob und Baby unter einen Hut zu bekommen, stelle ich mir den dauernden Verzicht auf das, was man gemeinhin austoben nennt, sehr schwer vor. Ich bot mich damals einige Male als Babysitter an und muss noch heute lächeln, wenn ich an die ehrliche Dankbarkeit denke, die sich damals in ihren Augen abzeichnete, wenn sie endlich mal wieder ausgehen durfte und erst recht an das Leuchten, wenn sie dann spät abends beschwipst heimkehrte. Ich denke, jeder hat das Recht auf seine individuelle Freiheit und auch daran, mal an sich zu denken. Doch wenn zuhause jemand ist, den man liebt und der einen zurückliebt, dann ist dieser Mensch oft mehr wert als diese Freiheit. Es geht dann gar nicht so sehr darum, es demjenigen recht zu machen. Es geht vielmehr darum, sich so zu entscheiden, dass es sich gut anfühlt. Bei dem einen oder anderen mag es sich auch in der Kneipe gut anfühlen und vielleicht gibt es da draußen Paare, die auch in der Schwangerschaft ein wenig Abstand zu schätzen wissen. Doch ich will heute bei Isabelle bleiben. Einfach da sein. Für sie. Für mich. Und dabei vielleicht Terminator 2 gucken.

Woche 26 – Der Infoabend

Früher oder später gelangen werdende Eltern an den Punkt, an dem sie sich für Ort und Art der Entbindung entscheiden müssen. Glaubt man den Forenbeiträgen, die Isabelles Handy nach wie vor fröhlich ausspuckt, so geht es hier weder um persönliche Vorlieben noch um rationale Entscheidungen, sondern einzig und allein um den unverrückbaren Glauben an die einzig wahre Art der Niederkunft, die mit religiösem Eifer gegen Andersgläubige verteidigt wird.

Isabelle und ich waren uns recht schnell einig, dass ein Krankenhaus wohl ein ganz passabler Ort für die Geburt wäre. All diese Geräte und das medizinische Fachpersonal können bekanntlich in Situationen, in denen ein kleines Wesen aus dem Unterleib einer erwachsenen Frau hervorbricht und dabei literweise Blut und weitere mir unbekannte Substanzen mitschleift, beruhigend und sogar recht hilfreich sein. Zwar gibt es immer noch Menschen, die auf eine Hausgeburt schwören, doch uns ist diese Option aus zwei Gründen nicht recht. Zum einen verzögert sich die Ankunftszeit zusätzlicher Hilfe durch einen Kinderarzt oder einen anderen Spezialisten unnötig, was fatal sein kann, wenn doch etwas Unvorhergesehenes passiert. Zum anderen entsteht dann im eigenen Heim diese Riesensauerei und wie ich mein Glück kenne, muss ich das dann wegmachen. Ein sogenanntes Geburtshaus ist eine weitere, wesentlich sympathischere Option. Auch wenn diese Einrichtungen ebenfalls ausstattungstechnisch nicht mit einem Krankenhaus konkurrieren können, so scheinen sie doch fachliche Expertise und wohliges Ambiente auf großartige Weise zu vereinen. Leider hat das einzige Geburtshaus, das für uns in Frage kommt, vor kurzem aufgrund der prekären Situation der Hebammen dichtgemacht. Ich möchte an dieser Stelle keine große Diskussion entfachen – die läuft eh schon längst – aber liebe Menschen, die da eine Entscheidungsgewalt haben: Hebammen sind echt ziemlich wichtig. Wichtiger als man es mit der Mathematik der Risikoberechnung ausdrücken könnte. Und sollte.

Es regnet ein wenig, als wir mit einigen anderen Paaren und weiteren werdenden Müttern vor der noch verschlossenen Kapelle eines idyllischen Krankenhauses auf Einlass zu einer Infoveranstaltung warten. Wir wählten dieses Krankenhaus, da es nicht nur sehr ruhig und angenehm wirkt, sondern auch über einen Kreißsaal verfügt, der ähnlich einem Hotel aufgebaut zu sein scheint. Es gibt eine Art Lobby, große Badewannen, noch größere Betten, in die Mami und Papi reinpassen, noch bevor sie es überhaupt geworden sind, und statt einer Minibar soll es wohl Lachgas aus Flaschen geben. Wenn jetzt noch die hauseigenen Ansichten zum Thema Geburt passen, dann wird das wohl der Schlüpfstall für Klein-Timmy werden. Endlich geht die Kapellentür auf und eine freundliche Dame um die 50 lädt uns ein, es uns mit

Gratis-Kaffee, Gratis-Selters und Gratis-Broschüren gutgehen zu lassen. Ich finde es immer wieder witzig, wie alle Angesprochenen nach solch einer Offerte zwar gierig auf die Kaffeekannen schielen, es sich aber keiner traut, sich die erste Tasse einzugießen. Naja, muss ich mich wohl wieder für die Allgemeinheit opfern.

Nachdem wir Platz genommen haben, erscheint wenig später ein Mann mittleren Alters, den der Beruf Arzt wie eine Aura zu umgeben scheint. Obwohl er keinen Kittel trägt, überrascht es niemanden, als er sich als der Chef der Gynäkologie vorstellt. Isabelle und mir ist der Kollege wohlbekannt. Es ist kein geringerer als der Arzt, der damals trotz niederschmetternder Diagnose lächelnd verkündet hatte, wir sollen es doch mal so probieren. Isabelle war damals enorm wütend auf diesen läppischen Kommentar. Doch jetzt strahlen wir ihn an und bewundern ihn für seine Weisheit und geradezu prophetische Gabe, obwohl er nüchtern betrachtet vielleicht auch nur Glück hatte. Er beachtet uns jedoch nicht, denn er ist gerade damit beschäftigt, eine grandiose Show mit seiner Assistentin, der freundlichen Fünfzigjährigen, hinzulegen, die sich als Ober-Hebamme vorstellt. Die beiden verfügen sicherlich über große Fähigkeiten auf medizinischem Gebiet, doch sollten sie darauf irgendwann keine Lust mehr haben, dann böten sich Karrieren im Fernsehen, im Theater oder als Moderator-Paar für Heizdecken-Verkaufsveranstaltungen an. Von Freundlichkeit, Überzeugungskraft, Humor und Fachwissen ihrer

Performance können sich all die gelackten Hipster in ihren durchgestylten Präsentationssalons eine Scheibe abschneiden.

Natürlich ist nicht die Show entscheidend, sondern der Inhalt. Ist dieser Ort der richtige für unsere Geburt? Wie geht das Team mit Patientenwünschen um? Wann und wann nicht werden PDAs gelegt, Kaiserschnitte durchgeführt oder Spezialisten hinzugezogen? Gibt es Familienzimmer? Warum sind die Lachgasflaschen immer unter Verschluss gehalten? All das sind Fragen, die wichtig sind für werdende Eltern und hier werden sie restlos und ehrlich beantwortet. Isabelle und ich sind uns nun sicher. Dieses friedliche Krankenhaus im Wald, im äußersten Südwesten Berlins, soll der Stall in unserer Heiligen Nacht sein.

Woche 27 – Ansichtssachen

„Ich bin fett!“ Isabelle steht vor dem Spiegel und betrachtet ihren schon beachtlich schwanger wirkenden Körper. Obwohl ich sie als eher rationalen und vernunftbegabten Menschen kennengelernt habe, kann auch sie sich nicht vollends gegen die Macht der Hormone wehren und verfällt hin und wieder in einen völlig irrationalen Rausch der Wirklichkeitsverzerrung. Sie dreht sich vor dem Spiegel hin und her, quetscht scheinbar wahllos Körperteile zusammen, bis sie ganz unnatürlich verformt aussehen und schlussfolgert dann: „Da! Guck! Ekelhaft!“ Ich beschließe, die Prozedur aus Forschungszwecken zunächst kommentarlos zu beobachten. Sie dreht sich weiter. Erstaunlich, diese Beweglichkeit hätte ich ihr gar nicht mehr zugetraut. Beim unbeholfenen Versuch, den eigenen Hintern frontal im Spiegel zu betrachten, scheint bei Isabelle irgendwas zu krampfen. Daraufhin bricht sie völlig zusammen und klagt über den unausweichlichen körperlichen Verfall. Ich nehme sie in die Arme und versuche, ihr meine Ansicht über ihren Körper nahezubringen, auch wenn das in der Regel vergebliche Liebesmüh ist.

Ich sage: „Schatz. Ich könnte jetzt sagen, dass jeder echte Mann weiß, dass sich der Körper seiner Frau in der Schwangerschaft verändert und dass wir Kerle bei aller machohaften Oberflächlichkeit auch ganz genau zu schätzen wissen, was ihr erdulden müsst, um unseren Nachwuchs heil auf die Welt zu bringen.

Genauer gesagt sind wir unendlich dankbar, dass ihr und nicht wir das Ganze durchmachen müsst. Aber selbst wenn ich diese zweifellos wahren Argumente anbringen würde, so wären sie doch in deinem Fall völlig unnötig. Denn, ob du es glaubst oder nicht, du bist eine wunderschöne Schwangere. Genau so habe ich es mir gewünscht und vorgestellt." Sie sagt: „Blödsinn."

Ich setze erneut an: „Natürlich bin ich mir bewusst, welche Erwartungen die durchgestylte Gesellschaft an moderne Schwangere hat. Ihr sollt gefälligst immer strahlend und top geschminkt euren perfekt kugeligen Bauch halten und dabei fit und vital wirken und damit das auch tatsächlich so ist, müsst ihr Yoga machen und Gymnastik und nur gesunde Sachen essen und diese bunten Drinks trinken und vor allem positiv denken und so. Und wenn eure Übelkeit nicht nach maximal 12 Wochen nachlässt, dann habt ihr wohl was falsch gemacht, denn schließlich steht es ja in allen Ratgebern drin, dass es so und nicht anders zu laufen hat. Und ja, vielleicht wärst du tatsächlich etwas fitter und straffer, wenn dir nicht nach wie vor oftmals übel wäre und du bei sportlicher Betätigung sofort Kreislaufprobleme kriegen würdest. Aber aus meiner Perspektive bist du nicht nur unschuldig an der angeblichen Misere, sondern diese Misere ist schlicht nicht vorhanden." Isabelle guckt traurig.

Kurzerhand nehme ich meine geliebte Frau und lege sie flach aufs Bett. Während ich mit meinem Gesicht langsam ganz nah über ihren Körper streiche, flüstere ich: „Noch immer mag ich den seidigen Glanz deiner Haare, die dein wunderschönes Gesicht umrahmen wie edles Holz ein großes Kunstwerk. Noch immer betört mich dein unbeschreiblicher Duft, der allein schon ausreicht, um dich nie wieder gehen zu lassen. Noch immer fasziniert mich deine Haut, deren Weichheit und Blässe, die meinen kühnsten Träumen entsprungen zu sein scheint. Noch immer liebe ich die Zartheit und Jugendhaftigkeit deiner Brüste, die zudem an Üppigkeit gewonnen haben. Noch immer schaue ich gebannt auf deine einzigartigen Verzierungen, die sich über den gewölbten Bauch zeichnen, in dem unser wunderbarer Sohn heranwächst. Noch immer streichle ich gern über deine glatten langen Beine, die du nach wie vor nicht verstecken noch kaschieren musst. Noch immer küsse ich mit großer Lust deinen ganzen Körper, spüre dein Erzittern und labe mich an der Schönheit der Frau, die nur noch mir gehört. Und noch immer, Isabelle, liebe ich den Menschen in diesem Körper aus tiefstem Herzen – ehrlich und aufrichtig.“ Und sie lächelt.

Woche 28 - Weihnachten

Es ist Weihnachten. Als wäre unsere Grundstimmung nicht sowieso schon feierlich genug, leuchtet nun auch noch die Stadt so hell und funkelnd wie sonst nur Isabelles Augen. Weihnachten gilt ja gemeinhin als Fest der Familie und so liegt es nahe, das Fest bei oder mit Verwandten zu verbringen. Außerdem kann man da am besten Geschenke abstauben. Aufgrund der eingeschränkten Beweglichkeit meiner holden Herzdame hat die Sache nur einen Haken – die Verwandtschaft wird sich bei uns einfinden. Schöne Bescherung.

Pünktlich zum Fest haben wir also volles Haus. Isabelles Geschwister nebst Anhang, wenn verfügbar, sowie ihre liebreizende Mutter sitzen in unserem für solche Großveranstaltungen eher nicht ausgelegten Wohnzimmer und harren der Dinge, die da kommen mögen. Natürlich ist Isabelles Babybauch das Thema des Abends. Ich hingegen schweife mit meinen Gedanken etwas ab, so wie ich es immer tue, wenn die Zeit nicht anders vergehen will. Ich denke an die Bedeutung von Weihnachten und an die Diskussionen, die ich mit verschiedenen Menschen zu diesem Thema gehabt habe. Natürlich fußt die ganze Geschichte im Christentum und auch wenn diese Herkunft mit den meisten modernen Weihnachtstraditionen wenig zu tun hat, dürfte jeder Depp wissen, wo Weihnachten eigentlich herkommt. Andererseits, wenn man sich manche

Fernsehsendungen so anschaut, vielleicht nicht ganz jeder Depp. Doch deswegen empfinde ich persönlich Weihnachten nicht als christlich und muss weder das Fest als Verteidiger irgendwelcher Grundwerte missbrauchen, noch mich dafür rechtfertigen, warum ich es als Agnostiker feiere. Für mich ist Weihnachten eine gesellschaftliche Tradition, die längst ihre Religiosität abgelegt hat und nicht nur durchkommerzialisiert, sondern eben auch basisdemokratisch gemacht wurde. Jeder darf mitmachen, ungeachtet von Religion, Herkunft oder Bartfarbe.

„Der is schon wieder ganz woanders." Ich blicke auf. Meine Schwiegermutter in spe sieht mich argwöhnisch an. Offenbar war meine innere Abwesenheit auch nach außen klar zum Ausdruck gekommen. Ich versuche gar nicht erst, mich zu erklären und entschuldige mich ins Bad. Auf dem Weg dahin streichle ich Isabelles Bauch und spüre unseren Sohn darin. In der Abgeschiedenheit des Badezimmers nehme ich meinen Gedankengang wieder auf. Inwiefern sollte man eigentlich seine Kinder Weihnachten feiern lassen? Inwieweit sollte man ihnen dessen ursprüngliche Bedeutung erklären? Muss man sie vor dem allgegenwärtigen Kommerz schützen oder sind die Werte des Weihnachtsfestes Grund genug, über den Geschenkewahn hinwegzusehen? Ich sehe an meinem Lottchen, wie schön Weihnachten für Kinder ist. Die geschmückte Stadt, die geschmückten Zimmer. In der Kita wird gesungen, werden Gedichte gelernt und Geschenke gebastelt. Und dann ist da noch die Geschichte mit dem Weihnachtsmann, die auf so naive und sympathische Art nicht in Frage gestellt wird. Da ist halt so ein dicker Typ, der bringt Geschenke. Basta. Doch was antwortet man, wenn man von einem Kind gefragt wird, wer Jesus war oder was Engel sind, wenn man selbst nicht an derlei glaubt?

Dem Weihnachten Feiernden zu unterstellen, christlich zu sein, ist in etwa so, wie einem Flugzeugpassagier Militarismus zu unterstellen, obwohl die Entwicklung dieses Geräts ganz entscheidend von Militärs und Kriegen geprägt wurde und die zivile Luftfahrt erst viel später wichtig wurde. Dinge entwickeln sich, ändern sich. Ich glaube, Weihnachten darf ein Teil unseres Kalenders bleiben und auch die Dinge, für die es steht, wie Nächstenliebe, Familiensinn oder der Wunsch, Gutes zu tun, sind weitaus größer und älter als jede Religion. Nur mit dem Kommerz darf man es nicht übertreiben. Die Geschenke und der allgegenwärtige Verkaufswahn sind das Schlimmste an Weihnachten. Es ist fast alles darauf ausgelegt, zu kaufen und zu konsumieren und oft macht man mit, „weil ja Weihnachten ist". Dabei muss man als Eltern gerade hier standhaft sein. Als Vorbild für die Kinder, aber auch um uns selbst willen. Wir haben uns fest vorgenommen, Timmy von Beginn an zu einem eher zurückhaltenden Konsumenten zu erziehen. Er soll nicht alles haben, was er will. Er soll wissen, was jede

Ware für einen Wert hat, sowohl monetär als auch ökologisch oder sozial. Es ist ungemein schwierig, das richtig zu machen und es durchzuhalten. Doch für uns ist das die einzige Möglichkeit, wirklich Einfluss auf die Zukunft zu nehmen.

Als ich vom Klo wiederkomme, werden schon fleißig Geschenke ausgepackt. Obwohl ich an sich kein Weihnachtsmuffel bin, empfinde ich ob meiner Gedanken, denen ich immer noch nachhänge, das Rascheln des Geschenkpapiers als sehr unangenehm. Natürlich freue ich mich über die Gaben. Doch noch mehr freue ich mich darüber, dass diese Menschen hier sind und uns umgeben. Dass sie bei all ihren Fehlern sich um uns sorgen und sich mit uns auf unseren Sohn, ihren Enkel und Neffen freuen. Das ist für mich das größte Geschenk. Außerdem bekomme ich sowieso meistens Socken.

Woche 29 - Konsumgesellschaft

Weihnachten ist vorüber, der Besuch der Verwandtschaft überstanden. Neben wirklich schönen Socken im praktischen Fünferpack habe ich weiterhin eine großartige Frau und erwarte sehnlichst das schönste Geschenk, das einem Mann gemacht werden kann. Obwohl das Weihnachtsfest offiziell vorbei ist, scheint das für die Geschäfte nicht zu gelten. Überall prangen weiterhin bunte und beleuchtete Verkaufsschilder. Doch noch wesentlich aufdringlicher ist eine Postwurfsendung, die uns suggerieren soll, wir müssten jetzt unbedingt ganz schnell noch einen, oder besser gleich drei, Kurse besuchen, um unser Baby dann auch wirklich richtig umsorgen zu können.

Ich kann ja verstehen, dass manche Schwangeren und auch deren Partner gerade vor dem ersten Kind sehr unsicher sind und sich möglichst viel Rat holen von allen Seiten, um ja nichts falsch zu machen. Doch offenbar ermutigt diese Unsicherheit nicht wenige Geschäftsleute dazu, Produkte und Dienstleistungen zu kreieren, über deren unmittelbaren Nutzen sich streiten lässt. Ganz offensichtlich sind Schwangere, ähnlich wie Rentner und kleine Kinder, eine willkommene Zielgruppe, die gerne und oft ins Marketing-Visier genommen wird. Hier eine zusätzliche Creme gegen die Dehnungsstreifen, die dich sonst für immer furchtbar entstellen, dort ein Kräuterbad, um die Beschwerden zu lindern. Hier ein

Stützgurt für den immer schwerer werdenden Bauch, dort ein Expertenkurs „Wie bewege ich mich richtig im Alltag ab dem siebten Monat“. All diese Offerten prasseln auf die Schwangere zu einer Zeit ein, zu der selbst gestandene und selbstsichere Frauen wie Isabelle verunsichert sind, weil sie das alles noch nicht kennen. Doch braucht man das alles wirklich? Oder hört man vielleicht lieber in sich hinein statt auf die Marktschreier?

Ich als wenig konsumfreudiger Mann bin ja grundsätzlich nicht so leicht für etwas zu begeistern, dessen Nutzen sich mir nicht gleich erschließt. Bei mir einen Bedarf zu wecken, der nicht eh schon da war, ist recht schwierig. Folglich versuche ich, möglichst viele der Angebote für Schwangere und werdende Eltern schon am Postkasten sowie E-Mail-Postfach herauszufiltern. Isabelle ist zwar auch nicht leicht zum Konsum zu verführen, doch in ihrer derzeitigen Lage dann doch etwas weniger zurechnungsfähig als sonst. Während ich also eine Reihe von Werbebriefen gekonnt im Papiermüll entsorge, lenke ich Isabelles Aufmerksamkeit auf eine wichtigere und dennoch artverwandte Frage. Was brauchen Babys eigentlich wirklich, wenn sie denn dann mal da sind? Da trete ich natürlich bei meiner so perfekt organisierten Frau offene Türen ein. Isabelle holt eine akribische Liste hervor, auf der nicht nur sämtliche Waren vermerkt sind, die Timmy ab Geburt ge- oder verbrauchen wird, sondern auch die voraussichtliche

Verbrauchsmenge, geschätzte Haltbarkeitsdauer sowie die vermutlichen Kosten.

Ich schrecke leicht zusammen beim Anblick der nicht eben kurzen Liste. Offenbar müssen wir demnächst einen halben Drogeriemarkt leerkaufen, um überhaupt die ersten vier Wochen zu überstehen. Bei näherem Hinsehen allerdings ist es dann doch gar nicht so enorm, was da gekauft werden muss. Auch wenn die Werbung anderes suggeriert – ein Baby braucht eigentlich gar nicht so viel. Eigentlich muss es nur satt, sauber und warm eingekuschelt sein. Viele andere Dinge sind entweder gar nicht nötig oder Teil einer Einstellung, die sich nur Gesellschaften leisten können, denen es an nichts Wesentlichem mangelt. Natürlich sind acht Spezial-Ersatznuckel und eine ergonomische Zweittrage zum Umschnallen toll. Aber nicht wirklich wichtig. Ich habe von Menschen gelesen, die sich einreden ließen, sie wären nicht vorbereitet oder könnten ihrem Kind nichts bieten. Doch ob ein Kind sich wohlfühlt und umsorgt wird, kommt in erster Linie auf die Menschen an, die es umgeben, nicht auf die Dinge. Isabelle sagt, wir müssen noch einiges besorgen bis zum Geburtstermin. Sie habe da noch eine andere Liste vorbereitet. Ich lächle sie an, nehme sie in den Arm und sage: „Das Wichtigste für Timmy ist aber schon da.“

Woche 30 – Die Symphyse

Was als leichtes Ziehen im Beckenbereich begann, hat sich nun zu einem echten Problem entwickelt. Isabelle ist eine von nur sehr wenigen Schwangeren, die unter einer sogenannten Symphysenlockerung leidet. Ich und sogar viele der uns bekannten Mütter im Freundeskreis haben von dieser Art Beschwerde noch nie etwas gehört. Leider gibt es sie aber tatsächlich und droht, uns auch das letzte Schwangerschaftsdrittel gehörig zu vermiesen. Als hätten Übelkeit und Kreislaufkollaps nicht schon gereicht…

Alles begann mit jener überschwänglichen IKEA-Einkaufsaktion, die Isabelle nur deshalb so genüsslich auskostete, weil sie gerade die genannte Übelkeit loszuwerden glaubte. Mit der frischen Energie einer Person, die auch tatsächlich in sich behielt, was sie an Nahrung zu sich nahm, werkelte Isabelle damals ja so lange, bis sie ein Ziehen in der Hüfte bemerkte. Da sie, wie jeder normale Mensch, noch nie von der Symphyse gehört hatte, dachte sie an bloße Überanstrengung und kümmerte sich nicht weiter darum. In den folgenden Wochen spürte sie immer wieder diesen fiesen Schmerz, schob es aber auf die allgemeine Gewichtszunahme und die damit einhergehenden Dehnungen und Belastungen im und am Körper. Doch jetzt, zu Beginn des letzten Drittels der Schwangerschaft, sind die Schmerzen so heftig, dass es eindeutig eine Symphysenlockerung sein muss. Für Isabelle bedeutet das vor allem Schmerzen, für mich eine heftige Zusatzbelastung. Denn meine sonst so fleißige und umtriebige Frau ist einmal mehr zum Nichtstun verdammt.

Isabelle liegt mit schmerzverzerrtem Gesicht im Bett. Sie hatte es gewagt, am Vortag zur Apotheke an der Ecke zu schlendern. Geschätzte 500 Meter vielleicht, eher weniger. Im Normalfall wäre sie schon wieder dagewesen, noch ehe der Nachhall der ins Schloss fallenden Tür ganz verklungen gewesen wäre. Doch gestern brauchte es gut und gerne eine dreiviertel Stunde, ehe sie zurückkehrte. Als Dank für das bisschen Selbstständigkeit, das ihr der Gang zur Apotheke vermittelte, zwingt sie ihre Symphyse nun zur Regungslosigkeit. Selbst einfaches Drehen im Bett ist ihr offensichtlich eine Qual. Ich ertappe mich dabei, wie ich denke: „Mensch, Mädel, jetzt reiß dich mal zusammen. Wie schlimm kann das schon sein? Ist doch nix gerissen oder gebrochen." Doch dann besinne ich mich und erinnere mich daran, dass dieselbe Isabelle, die hier wie ein angeschossenes Reh vor mir liegt und leidet, sonst nicht einmal mit Zwang zu dieser Untätigkeit zu verleiten ist. Ausgerechnet sie, die sonst immer wirbelt, bewegt sich nun erneut nicht aus dem Bett. Doch weiter kann ich sie jetzt nicht bedauern, denn ich muss schaffen, was sie nicht mehr leisten kann. Und das ist eine ganze Menge, wie mir nachdrücklich klar wird.

Ich habe an anderer Stelle ja schon erwähnt, dass es bei uns nicht unbedingt eine klassische

Rollenverteilung gibt. Dennoch teilen auch wir die Lasten des Alltags unter uns auf. Dank meiner mir eigenen – der kraftvollen Körpermasse geschuldeten – Schwerfälligkeit übernehme ich dabei zwar die schwereren Aufgaben, brauche aber für alles länger und komme so insgesamt rein quantitativ gut weg. Isabelle schafft es normalerweise, mindestens zwei Zimmer aufzuräumen und zu saugen, eine Ladung Wäsche in die Waschmaschine und eine weitere in den Trockner zu bugsieren sowie geschätzte sechsundzwanzig kleine Handgriffe zu tätigen in exakt demselben Zeitfenster, das ich benötige, um den Hausmüll und ein bisschen Altpapier zu entsorgen. Jetzt, aufgrund der Symphysenlockerung, bleibt alles ausnahmslos an mir hängen.

Es geht mir nicht darum, mich darüber zu beschweren oder besonderes Lob dafür zu bekommen. Es führt mir vielmehr vor Augen, wie selbstverständlich es einem vorkommt, wenn der geliebte Partner etwas erledigt, womit man sich selbst nicht mehr belasten muss. Das Geschlecht des Ausführenden oder die Art der Aufgabe ist dabei zweitrangig. Ich überlege, während ich staubwische, ob ich das, was meine jeweilige Partnerin leistete, immer genug gewürdigt habe. Wahrscheinlich nicht. Die meisten von uns, gerade Männer, bewerten Tätigkeiten nach einem gewissen Wert. Oft auch monetär. Doch die tatsächliche Anstrengung von so etwas Nervigem wie Staubwischen kann man ja wohl kaum in Gold aufwiegen. Erst wenn der Partner ausfällt, aus welchem Grund auch immer, offenbart sich, wieviel wir eigentlich dem anderen an Lebenserleichterung verdanken. Als ich mit dem Staubwischen fertig bin, trete ich zurück in das Schlafzimmer. Isabelle schaut mich traurig an. Ich weiß, dass es sie quält, mich mit all diesen zusätzlichen Aufgaben zu belasten, auch wenn ich ihr immer wieder sage, dass es schließlich nicht ihre Schuld ist. Ich will sie aufmuntern, mich zu ihr legen. Doch ich kann nicht. Ich muss einkaufen, uns Essen machen und dann noch ein wenig am Laptop arbeiten. Ich lüge wenn ich sage, ich tue es gern. Ich bin nicht das, was man gemeinhin fleißig nennt. Auch das Ergebnis des Staubwischens würde einer kritischen Prüfung durch eine Instanz wie etwa meiner Schwiegermutter nicht standhalten. Doch was bleibt uns übrig? Das Kind fordert uns schon jetzt mehr ab als den meisten anderen und wird damit nach der Geburt nicht aufhören. Wir wollten es so. Also Brust raus und ran!

Woche 31 – Kleidungsfragen

Isabelle ist ja nun nicht die Art von Frau, die sich von so etwas Läppischem wie der totalen Bewegungslosigkeit dauerhaft runterziehen lässt. Obwohl sie in den meisten Fällen nicht den gängigen Frauen-Klischees entspricht, hat sie sich zur Ablenkung von den Symphysenproblemen nun aber doch einem typischen Damenthema zugewandt, nämlich dem Shoppen.

Shoppen ist für Schwangere sicherlich eine gewisse Notwendigkeit, denn die normalen Klamotten passen bei aller Liebe irgendwann definitiv nicht mehr. Bei Isabelle war dieser Zeitpunkt nun gekommen. Shirts, Pullover, Hosen und selbst die wärmende Winterjacke drohten, unter dem sichtbar angewachsenen Babybauch zu zerbersten. Doch Isabelle wäre nicht meine wunderbar rationale und bis zum Verzweifeln vernünftige Frau, wenn sie nicht schon beim Sichten möglicher Kleidungsstücke wiederholt auf die Unsinnigkeit dieser Investition hinweisen würde. „Das trage ich höchstens noch drei Monate! Und ich kann mich eh kaum bewegen! Da geb ich doch nicht so viel Geld dafür aus!" lautet der Tenor ihrer Selbstgespräche beim Durchforsten diverser spezialisierter Online-Shops. Doch noch ein weiteres Problem ergibt sich aus der Suche nach Umstandsmode für die Umstandsdame. Die Kombination aus großer Frau und dickem Babybauch scheint für die Textilindustrie extrem unattraktiv zu sein.

Nun bin ich ja selbst nicht gerade klein gewachsen und kenne die Probleme, die man bei der Kleiderauswahl hat, wenn man nicht in die Norm des angeblichen durchschnittlichen Mitteleuropäers passt. Doch während ich als typischer Mann ungefähr so viel Wert auf stilsichere Kleidung und die neuesten Modetrends lege wie die Kandidaten bei Bauer sucht Frau, darf es bei einer so attraktiven Frau wie Isabelle gern auch zumindest rudimentär zusammenpassen, was sie da so täglich am Leib trägt. Endlich findet sie einen Shop, der offenbar eine gewisse Auswahl zu bieten hat. Sie füllt in Sekundenschnelle den Warenkorb, schickt die Bestellung ab und klappt den Laptop zu. Ha! Da ist sie wieder, die alte, effiziente und entschlussfreudige Isabelle! Kein langes Gegucke und Hin-und-Herüberlege. Einfach bestellen und notfalls zurückschicken. So kauft man heute ein.

Wenige Tage später sieht unser Wohnzimmer aus wie die Umkleidekabine von H&M, nur ohne das kaschierende Kunstlicht und die kichernden Teenager. Überall liegt Kleidung herum. Isabelle sortiert rigoros aus. Und zwar so gut wie alles. Anders als in der Beschreibung des Shops passt nämlich fast nichts einer Frau mit ihren Maßen. Isabelle wird wütend, dann traurig. Ich kann mir vorstellen, dass es für ihr Selbstwertgefühl und ihre Eigenwahrnehmung nicht gerade förderlich ist, dass sie nichts zum Anziehen findet. Wenn man sich schon fett und hässlich fühlt, sollte man das wenigstens mit schönen Klamotten verdecken dürfen. Lediglich zwei kurze Röcke scheinen halbwegs zu passen. Die sind zwar einerseits im Winter nicht die praktischste Wahl, doch wenn man bedenkt, dass Isabelle eh kaum rausgehen wird, sind sie besser als nichts.

Später am Abend sitzen wir gemeinsam auf dem Sofa und kommen nochmal auf die Kleidungsfrage zu sprechen. Isabelle trägt, wie öfter in letzter Zeit, ein Shirt von mir, denn die würde sie auch mit Drillingen im neunten Monat nicht vollends ausfüllen. Es gilt, eine Jacke zu finden, die zumindest den direkten Erfrierungstod auf dem Weg zum Arzt und später zum Krankenhaus verhindert. Die Lösung ist schnell gefunden. Isabelles Tante hatte ihr zu Weihnachten einen unfassbar hässlichen, aber wenigstens halbwegs passenden Mantel zukommen lassen, der ihr zu groß und, wie ich vermute, auch zu unansehnlich gewesen war. Isabelle probiert den Mantel an und lässt die Schultern hängen. Da steht sie nun, schmerzerfüllt, sich selbst unwohl und fett fühlend, im Shirt eines Mannes und dem hässlichen Mantel einer Sechzigjährigen. Und ist dennoch die schönste Frau der Welt. Wenn ich ihr das nur zu verstehen geben könnte. Vielleicht sollte ich das irgendwann einmal aufschreiben.

Woche 32 – Selbständig und Mutter

In der Zeitung liest man in regelmäßigen Abständen ja immer wieder davon, wie die Politik dazu aufgefordert wird, das Kinderkriegen auch für Frauen mit florierender Karriere attraktiver zu machen. Oft sind marginale Kindergelderhöhungen oder ein paar mehr Kitas die einzige Folge. Dabei kommt es darauf gar nicht unbedingt an. Vielmehr scheint es so, als würde die ganze Sache umso komplizierter, umso mehr man eigentlich für sich selbst sorgen möchte und umso mehr Steuern man einzahlt. Isabelle scheint grundsätzlich in der wohl ungeeignetsten Lage zu sein, in diesem Land ein Kind zu bekommen. Doch der Reihe nach.

Solange man ganz normal angestellt ist, läuft die ganze Sache auch halbwegs normal ab. Man arbeitet so lange man muss oder kann, lässt sich gegebenenfalls krankschreiben und geht dann in den gesetzlich vorgeschriebenen Mutterschutz, der fließend in das Elterngeld übergeht. Viel schlechter stehen Frauen allerdings da, wenn sie selbständig und privat krankenversichert sind. Dann gibt es nämlich keine Krankschreibung, kein Berufsverbot und keinen Mutterschutz. Dann heißt es: Arbeite bis kurz vor der Entbindung oder steuere auf die Pleite zu. Entgegen landläufiger Meinung ist ja nun nicht jede Selbständige reich oder hat einen reichen Partner, der das ausgleichen könnte. Viele tragen Kreditlasten aus den Anfangszeiten ihres Gewerbes oder reinvestieren

Gewinne lieber, als sie ausschütten zu lassen. Da kann so etwas Unerwartetes wie, sagen wir, eine Symphysenlockerung, sich fatal aufs Konto auswirken.

Isabelle führt zum Zeitpunkt der Schwangerschaft ein kleines, aber ganz passabel laufendes Unternehmen, das aber nur solange funktioniert, wie sie daran arbeiten kann. Die steigenden Beschwerden streuen nun aber immer mehr Sand ins Getriebe der Firma, was sich am Umsatz bemerkbar macht. Nun ist Isabelle beileibe kein Mensch, der wehleidig ist oder dem alles andere egal wird, wenn ein Babybauch wächst. Sie fühlt sich mehr und mehr verantwortlich für die Misere, obwohl die unvorhersehbaren Beschwerden ihr keine Wahl lassen, als maximal mit dem Laptop auf dem Schoß zu arbeiten. Selbständigkeiten sind mehr als reiner Broterwerb. Sie bedeuten den Menschen dahinter etwas. Diese bauen sie auf, pflegen sie und leiden mit, wenn es ihnen schlecht geht. Sich nicht mehr um sein Geschäft kümmern zu können und keinerlei Möglichkeiten zu haben, einen Ausfall zu kompensieren und stattdessen seine Reserven aufzuzehren – das ist es, was wirklich stört und manche erfolgreiche Frau vom Kinderkriegen abhält.

Ich lege mich zu Isabelle ins Bett und schaue auf Ihren Laptop. Zahlen und Daten. Eine firmeneigene Software. Böhmische Dörfer. Ich habe in den letzten Tagen versucht, ihr zu helfen und überall dort einzuspringen, wo es möglich war. Doch man ersetzt einen Unternehmensgründer und Geschäftsführer nicht einfach über Nacht. Es scheint fast, als seien diese Menschen mit ihren Firmen verwachsen. Trotzdem werden wir uns über kurz oder lang etwas überlegen müssen. Isabelles Geschäftspartner hat vielleicht ein gewisses Verständnis für ihren Zustand, doch wenn es ums Business geht, hält sich die Menschlichkeit oft in Grenzen. Auch hier zeigt sich eine weitere große Baustelle, die die Politik gar nicht ändern kann. Solange Frauen über Monate oder sogar Jahre hinweg so unkalkulierbar in ihrer Leistung sind, werden sie es immer schwerer haben, sich in Führungspositionen selbst zu behaupten. Ob sie davor jahrelang immer 110% gegeben haben, ist völlig egal. Es ist ein bisschen so wie bei Fußballtrainern. Egal wie viele Meisterschaften du für den Verein geholt hast – wenn du auf einem Abstiegsplatz stehst, musst du weg.

Isabelle bekommt eine Mail. Ihr Geschäftspartner hat auf unser Angebot geantwortet. Wir wollen das Beste aus der Situation machen und mich als Ersatz für Isabelle ausbilden, damit die Zahlen und Daten keine böhmischen Dörfer mehr für mich sind. Ihr Geschäftspartner scheint nicht abgeneigt, versucht aber, die Konditionen zu drücken. Isabelle hat wenig Spielraum. Sie weiß, sie wird weder in der Schwangerschaft noch in den Monaten danach wieder ihr Pensum schaffen. Die Symphyse wird auch nach der Geburt noch etliche Wochen gelockert bleiben. In mir spüre ich eine gewisse Wut, wie sehr ihre Situation ausgenutzt wird. Doch anders als ich sieht meine geliebte Frau die Sache eher pragmatisch. Besser einen Spatz in der Hand und so. Wir bestätigen das Gegenangebot und sind für den Moment etwas beruhigter.

Woche 33 – Großmütter

Isabelle telefoniert mit ihrer Mutter. Da dies nicht oft und lange genug geschieht, um darüber klischeehafte Witzchen zu machen, schweife ich mit meinen Gedanken zu einem etwas tiefgründigeren Thema, nämlich der Rolle der werdenden Omas, die ja immer auch die Mütter der werdenden Eltern sind, was die Sache nicht selten ein wenig verkompliziert.

Meine Schwiegermutter in spe ist an sich recht pflegeleicht und hat überdies die großartige Eigenschaft, in einer Stadt in 500 km Entfernung zu wohnen. Das verringert die Besuchsfrequenz und damit auch die Wahrscheinlichkeit, dass sie mir auf die Nerven geht. Bei meiner eigenen Mutter sieht das etwas anders aus. Sie wohnt zwar relativ in der Nähe, doch unser Verhältnis hat aufgrund meiner Trennung von der Mama meines Lottchens sehr gelitten. Sicherlich kann man dafür Verständnis haben, erschien doch die kleine Familie, die ich damals hatte, für meine Mutter wie das perfekte Glück, das ihr selbst als Alleinerziehende immer verwehrt gewesen war. Doch empfinde ich es als bedrückend, wie schwer meiner Mutter, die immer mein allererster und oft einziger Bezugspunkt war, es fällt, mit diesen Veränderungen umzugehen, während alle anderen sich damit zu arrangieren gelernt haben. Jedenfalls denke ich, dass unser Sohn vergleichsweise wenig Kontakt zu seinen Omas haben wird und aus diversen Gründen finde ich das nicht so schlecht. Es gibt nämlich eine Reihe von Punkten, die mich an werdenden Omas wirklich stören.

Das wohl Harmloseste, worüber man sich bei werdenden oder bestehenden Omas aufregen kann, ist deren Hang zur Besserwisserei. Das Hauptargument ist stets, dass sie „ja wohl auch schon euch großgezogen haben“. Die Steigerungsform ist das Argument von mehrfachen Müttern, dass sie „ja immerhin (Anzahl Kinder) von der Sorte hatten.“ Letzteres führt auch die Mutter Isabelles gern an, was nicht nur meine Frau, sondern auch ihre drei Geschwister gehörig nervt. Ich denke, dass die bloße Elternschaft und auch die Quantität der eigenen Nachkommen keinerlei Aussage über die Fähigkeiten der Eltern zulässt. Wenn dem so wäre, müssten wir alle Seminare bei arabischen Großfamilienmüttern nehmen oder uns von den Frauen aus der Kalahari erklären lassen, wie man ohne Strom und fließend Wasser trotzdem Kinder großbekommt. Die Besserwisserei wird bei vielen Müttern gern von der Ablehnung neuer Erkenntnisse flankiert. Sie können einfach nicht verstehen, dass sich die Methoden der Erziehungswissenschaft weiterentwickelt haben – was vor allem daran liegt, dass die meisten gar keine Kenntnis von einer Wissenschaft dieses Namens haben.

Viel schlimmer als die Besserwisserei und die Methodik nach dem Motto: „Das hat man schon immer so gemacht.“ ist der für fast alle Mütter gültige und nicht anzufechtende Anspruch auf das Enkelkind aus Blutrecht. Es ist quasi die Weiterentwicklung der Erbschuld der eigenen Kinder, die gefälligst die eigene Mutter zu achten haben, da sie „euch ja schließlich das Leben geschenkt hat." Dass wir als Kinder mit der Entscheidung, uns das Leben zu geben, nichts zu tun hatten und Achtung sich aus Taten speisen sollte und nicht aus Prinzipien, wird dabei gern übersehen. Bei Enkeln wird die Sache noch absurder. Isabelle und ich haben uns bewusst für ein Kind entschieden und haben dabei in keinster Weise die voraussichtliche Reaktion der werdenden Omas in die Entscheidung einfließen lassen. Es ist ganz allein unser Kind und niemand, auch nicht die Omas, haben einen grundsätzlichen Anspruch darauf, auf das Leben des Kindes einzuwirken. Natürlich dürfen sie es gern, wenn sie es möchten. Aber es einzufordern, würde sie schon vorab disqualifizieren.

Während Isabelle ihrer Mutter am Telefon wiederholt die Phrase sagt: „Gut, dann machen wir das so." – eine unmissverständliche Floskel, die anzeigt, dass sie das Gespräch zu beenden versucht – fällt mir noch ein Gedanke ein, den ich nie verstehen werde. Wie kann eine Oma stolz auf ihren Enkel sein? Grundsätzlich finde ich, dass man nur stolz auf eigene Leistungen sein kann oder aber auf jemanden, wenn man dessen Leistung anerkennt. Aber eigener Stolz für etwas, für das man gar nichts geleistet hat? Bei den eigenen Kindern mag das noch funktionieren, wenn die eigene Erziehung Früchte trägt, die man direkt in Relation zur erzieherischen Leistung setzen kann. Doch bei Enkeln? Also wie man die macht, habe ich mir selbst beigebracht. Da könnte höchstens Dr. Sommer stolz sein. Ich denke, Omas dürfen sich gern freuen, dürfen gern Ratschläge geben und dürfen sich gern anbieten, für ihre Enkel da zu sein. Doch sie müssen dafür etwas tun, und wenn es nur Aufrichtigkeit, Offenheit und ein wenig Demut gegenüber den eigenen Kindern ist.

Woche 34 – Zickigkeit

Isabelle zickt. Das sieht sie natürlich anders, aber es ist so. Eben hat sie mich ganz eindeutig angezickt. Wegen nichts. Das ist deswegen so eindeutig und unwiderlegbar, weil es so selten ist und so absolut nicht ihrem Wesen entspricht. Während andere Frauen Zickigkeit zum Grundpfeiler ihres gesamten Wesens weiterentwickelt haben, ist dieses Attribut bei Isabelle ein ganz kümmerlicher evolutionärer Rest – wie der Wurmfortsatz oder die männlichen Brustwarzen.

„Ich habe nicht gezickt. Und wenn, dann wegen der Hormone. Und weil es schon so spät ist und ich müde bin. Aber das ist eigentlich Quatsch. Weil, ich hab ja nicht gezickt.“ Isabelle sieht mich genervt an. Dabei habe ich gar nichts gesagt. Naja, außer, dass sie nicht so zickig sein soll. Dann läuft sie so entschlossen, wie es eine kaputte Symphyse zulässt, ins Schlafzimmer und schmollt ein wenig. Ich bleibe etwas verdattert zurück und sinniere kurz darauf über die offenbare Unfähigkeit des Mannes, mit Gezicke umzugehen. Grundsätzlich scheint es ja drei Arten von Frauen zu geben: die Zickigen, die Nicht-ganz-so-Zickigen und die Nicht-Zickigen. Interessanterweise habe ich aber auch drei Arten beobachtet, wie Männer jeweils damit umgehen. Die mitleidigste Kombo ist sicherlich eine zickige Frau und ein schweigender Mann. Hier kann sich die Frau einfach alles erlauben, ihn den lieben langen Tag anzicken und er wird nie auch nur einen

Pieps sagen. Ich frage mich dann immer, warum diese beiden Menschen eigentlich zusammen sind. Ist die zur Schau gestellte Zickigkeit nur Fassade und lenkt von heimlichen SM-Spielchen mit vertauschten Rollen ab? Oder ist es eine Art von Liebesbekundung, die nur diese beiden Eingeweihten verstehen? Zum Glück kenne ich diese Art Frau nur aus der Ferne.

Sehr unterhaltsam, wenn auch manchmal mit fatalem Ausgang, ist die Kombination Oberzicke und Choleriker. Letzterer stellt den zweiten Typ Mann dar, wenn es darum geht, mit Zickigkeit umzugehen. Der Choleriker tickt einfach regelmäßig aus und überschreit die Zickigkeit seines Konterparts. Ich glaube, diese Paarung führt wohl am ehesten zu Handgreiflichkeiten, wobei Choleriker an sich ja keinen wirklichen Grund für ihre Ausbrüche benötigen. Doch gibt man ihm einen, etwa durch Gezicke, dann brechen bei ihm alle Dämme.

Viel häufiger treten nun aber die Nicht-ganz-so-Zickigen auf. Diese Unterart Weibchen ist eigentlich recht umgänglich, fällt nur manchmal aus dem Rahmen. Meistens so einmal im Monat. Recht regelmäßig. Purer Zufall, nehme ich an. Schuld sollen da tatsächlich die Hormone sein, wie jahrelange Recherche in diversen Fachartikeln von Bravo bis Blitz Illu ergeben haben. Die meisten Männer haben in einer Art evolutionärem Prozess gelernt, damit umzugehen. Sie gehören dann zu jenen, die wissen, wann sie zu schweigen und wann sie zu kontern haben. In der Regel wird diese Art Mann von den meisten Frauen bevorzugt. Er stellt die perfekte Symbiose dar aus dem starken Partner, der auch mal Kontra gibt und sich nicht alles gefallen lässt, aber trotzdem weiß, wann er einfach mal die Klappe zu halten hat, weil er weiß oder spürt, dass die Dame seines Herzens gerade nicht voll zurechnungsfähig ist.

Zuletzt gibt es da noch die Unzickigen. Vielleicht gibt es auch nur Isabelle als einzige Vertreterin dieser Art. Erstaunlicherweise ist Isabelles Unzickigkeit jedoch kein ultimativer Segen, sondern oftmals regelrecht gruselig für mich. Ich kann noch so demonstrativ am überquellenden Mülleimer vorbeiflanieren – ich werde einfach nicht angezickt. Das ist mir unheimlich. Isabelle schafft es tatsächlich, mein Fehlverhalten, meine Unaufmerksamkeiten und meine Trotteligkeit am Ende sachlich und konstruktiv zu erläutern. Ohne jeglichen emotionalen Ausbruch fehlt mir doch dann aber der Ansatzpunkt zum Konter. Argumentativ komme ich nämlich nicht gegen sie an. Wäre ich ein Choleriker, wäre diese Art zenartiger Vernunft bereits der ultimative Grund für ein Donnerwetter. Doch da ich mich eher zu jenen Vertretern zähle, die meist ruhig bleiben und nur ab und an Kontra geben, bringe ich den Müll in den meisten Fällen mit einer Mischung aus Schuldgefühl und Verwunderung einfach runter.

Umso schöner fühlt es sich nun aber an, wenn Isabelle tatsächlich mal zickt. Und dann noch völlig grundlos! Da ihr nun also zum ersten Mal die Argumente gegen mich fehlen und sie mich trotzdem völlig untypisch angezickt hat, ist sie schnell ins Schlafzimmer geflohen und versucht also, mich abzuschütteln. Doch so nicht, junge Dame! Ich stürme frohen Mutes hinterher und freue mich, den angebotenen Geschlechterkampf endlich aus halbwegs fairer Ausgangsposition ausfechten zu dürfen. Doch statt einer Zicke schaut mich ein ganz trauriger Dackel an. Isabelle fleht mich förmlich um Verzeihung an. Sie hätte wohl nicht so zickig sein dürfen und schuld seien die Hormone und es täte ihr so leid. Na toll! Wieder schafft sie es, mir den Wind aus den Segeln zu nehmen. Blöde Kuh! Ich nehme sie in den Arm, sie schmiegt sich an mich und flüstert: „Ich hätte Lust auf Weingummis." Ich schließe kurz die Augen und mache mich dann auf zur Tanke. Auf dem Weg hinunter nehme ich noch brav den Müll mit, trete aber unterwegs absichtlich auf eine Nacktschnecke.

Woche 35 – Zeuge einen Sohn

„Jungs weinen nicht!“ Der Vater des kleinen Jungen, der gerade in einer beachtlichen Flugkurve von der Hüpfburg geschleudert wurde, zeigt sich wenig erbaut über die Tränen seines Sohnes. Obwohl die Landung des Bengels echt hart war, hat Papa offenbar wenig Verständnis für die Schmerzen des Kleinen. Ich schwenke meinen Blick herüber zu meinem Lottchen, das gerade eine schaumstoffartige Leiter erklimmt, nur um oben gleich wieder die lange Gummirutsche herunterzurutschen. Indoor-Spielplätze sind etwas Herrliches. Und nicht so sandig wie normale Spielplätze, dafür aber um einiges stickiger. Naja, man kann nicht alles haben.

Der gefallene Bengel weint noch immer. Paralysiert von der Szenerie trifft mich ein plötzlicher Gedanke wie ein Gummiball aus dem Bällebad neben der Rutsche. Ich bekomme einen Sohn! Gemeinhin scheint das ja neben Haus bauen und Baum pflanzen etwas ganz besonderes für Männer zu sein. Selbst meine Oma weist jedes Mal daraufhin, dass ich nun einen Stammhalter bekommen würde. Für mich selbst hat das Geschlecht meines zweiten Kindes bislang keine Rolle gespielt. Ich habe mir fest vorgenommen, im Rahmen der gegebenen Möglichkeiten keine Unterschiede zwischen meinen Kindern zu machen. Da kann ich ja wohl kaum schon beim Geschlecht anfangen, diesen Vorsatz zu untergraben. Leider scheint die gesellschaftliche Mehrheit das nicht ganz so unaufgeregt zu sehen wie ich. Immer wieder beobachte ich Väter, bei denen der Sohn eine herausragende Stellung einnimmt, während die Töchter eher so, naja, ganz süß sind und beschützt werden müssen. Vielleicht ist es eine überkommende Angewohnheit der Männer, ihre nachgewachsenen Geschlechtsgenossen anzulernen, während Mama das irgendwann bei den Mädchen übernimmt. Vielleicht ist das auch normal und okay so. Trotzdem mache ich mir weitere Gedanken, während mein Lottchen einen weiteren Aufstieg in Kauf nimmt für ein paar Sekunden Schwerelosigkeit.

Ich beobachte weiter den Jungen, der nun tatsächlich aufgehört hat zu weinen. Es scheint, als habe das Fordern des Vaters Früchte getragen. Obwohl der Kleine sicher den Schmerz des Sturzes noch spürt, wendet er sich wieder der Hüpfburg zu. Mutig und beherzt. Ich selber war als Kind eher ein Schisser, vor allem bezüglich des Kletterns. Ob das mit meiner bestürzend ausgeprägten Unbeweglichkeit zu tun hat oder ob mir einfach nur ein männliches Vorbild gefehlt hat, vermag ich dabei nicht wirklich zu beantworten. Als Sohn einer alleinerziehenden Mutter habe ich kaum Bezugsmöglichkeiten, wie ein Vater zu sein hat. Folglich habe ich mein Lottchen immer getröstet, wenn es von irgendwas runterfiel und weinte. Nicht, weil sie ein Mädchen ist, sondern einfach so, weil es sich richtig angefühlt hat. Wenn sie dann keine Lust mehr gehabt hatte, es erneut zu versuchen, dann habe ich sie auch nicht dazu gezwungen. Man könnte allerdings auch sagen, ich habe sie nicht ermutigt. Sollte ich das bei meinem Sohn anders machen? Muss ich ihn härter anpacken, damit er härter wird? Und wenn ja, sollte ich das machen, weil er ein Mann werden soll oder nur, weil ich es besser machen möchte als zuvor bei meinem Lottchen? Gibt es überhaupt etwas besser zu machen? Und welche Rolle spielt nun das Geschlecht dabei?

Mein Kopf schwirrt. Lottchen ist schon wieder beim nächsten Aufstieg. Diesmal allerdings klettert vor ihr jedoch ein sehr zierliches und wohl noch sehr junges Mädchen. Brav bleibt Lottchen hinter ihr, wartet. Der gestürzte Junge hingegen drängt sich an beiden Mädchen vorbei und ist bereits oben angekommen, als das zierliche Mädchen noch versucht, sich nach dem Rempler des Rüpels wieder zu fangen. Der Vater des Jungen schaut zufrieden. Für ihn ist wichtig, dass der Junge sich wieder traut. Und sich nicht aufhalten lässt. Weder von Schmerzen und Misserfolg, noch von Mädchen, die im Weg sind. Ich spüre mich wütend werden, aber auch erneut nachdenklich. Wenn ich meinen Sohn zu Nachsicht und Fairness erziehe, wie ich es bei Lottchen versuche, tue ich ihm dann wirklich einen Gefallen? Soll ich ihm erklären, was Ellenbogen sind? Und wenn ich keine Unterschiede zwischen den Geschlechtern machen will, müsste ich es dann nicht bei Lottchen auch tun? Ihr sagen, dass Rücksichtnahme manchmal Schwäche ist. Was würde ich ihr antworten, wenn sie mich fragt, warum?

Mein Lottchen ist mittlerweile oben angekommen. Auf der Rutsche sitzt das zierliche Mädchen. Offenbar traut sie sich nicht, herunterzurutschen. Mein Lottchen setzt sich neben sie und wirkt dabei wie ihre große Schwester. Sie schaut das zierliche Mädchen an, lächelt und nickt. Dann rutschen beide nebeneinander herunter. Die Mutter des zierlichen Mädchens schaut zu mir herüber und lächelt ebenfalls. Neben ihr steht der Vater des drängelnden Jungen. Vermutlich gehören die vier zusammen. Der Junge ist jetzt wie entfesselt, quasi unverwundbar. Er tobt herum, klettert überall herauf und stürzt sich fast ebenso oft wieder herunter. Der Vater beachtet ihn nun nicht mehr. Er scheint ein wichtiges Telefonat zu führen. Vielleicht geschäftlich. Er hat seine Aufgabe erfüllt. Schaffe ich das auch?

Woche 36 – Der epische Bauch des Lebens

Ich stehe nichtsahnend in der Küche und genehmige mir einen total gesunden Fitnessdrink direkt aus dem Kühlschrank. Vielleicht ist es auch ein total ungesunder Energydrink mit massig Zucker und Koffein. Wer kann das heutzutage noch auseinanderhalten!? Es ist heller lichter Tag und die Wintersonne lässt mich blinzeln. Doch auf einmal wird alles um mich herum von einem riesigen Schatten bedeckt. Ist es nur eine Wolke? Vorbote eines Gewitters? Oder greifen Aliens an, deren Untertassen riesige Schatten werfen wie damals bei Independence Day? Nein! Es ist nur Isabelles enormer Bauch, der sich hinter mir platziert hat und der Sonne kein Durchkommen gewährt.

Es ist für uns Männer schon erstaunlich, welche Ausmaße so ein Bauch annehmen kann. Da isst man ab und zu ein Schnitzel und trinkt ab und an ein Bier und schon wächst die Körpermitte beträchtlich. Doch noch viel erstaunlicher ist es, wenn das bei unseren geliebten Frauen während der Schwangerschaft passiert. In nur wenigen Monaten formt sich hier eine Kugel, wie man sie nie für möglich gehalten hätte. Selbst sehr schlanke Frauen sind also offenbar in der Lage, ihren Körper in Richtung Sumoringer zu deformieren. Schon toll, was Mutter Natur da so an Funktionen eingebaut hat. Ich drehe mich zu Isabelle und streichle über den gewaltigen Schattenspender. In diesem Moment begrüßt mich mein Sohn mit einem beherzten Tritt durch die Bauchdecke. Hallo, Timmy! Schön, dass du da bist. Also, zumindest da drinnen.

Ich mag Isabelles Bauch. Er ist fest und rund, ist schön geformt und ist zumindest bislang von jeglichen Rissen verschont geblieben. Doch selbst wenn da diese leidigen Streifen wären, würde mir das nicht wirklich etwas ausmachen. Ich würde nicht so weit gehen, Schwangerschaftsstreifen als schöne Narben aus einer glücklichen Zeit zu überzeichnen, so wie es viele Mütter neuerdings tun. Doch schämen muss frau sich dessen sicher nicht. Dehnungsstreifen sind nicht schön. Wenn man das als Mann sagt, ist man zwar schnell unten durch, aber falscher wird die Aussage dadurch auch nicht. Aber wie bei manch anderen Dingen im Leben muss man auch hier ein wenig opfern, um viel zu bekommen. Auch Männer haben übrigens solche Streifen – vom Wachstum, bei schnell aufgebauter Muskulatur oder vom fett werden. Wir machen nur kein Politikum daraus.

Wenig später liegen wir gemeinsam auf der Couch und widmen uns einem weiteren Film aus dem reichhaltigen Fundus jener Klassiker, die Isabelle noch nie gesehen hat. Wie bitte kann man Demolition Man nicht kennen!? Isabelle lächelt. Auch sie mag ihren Bauch, auch wenn sie sich sonst in dieser Phase der Schwangerschaft oft sehr unansehnlich findet. Eigentlich ist sie sogar regelrecht besessen davon. Während des ganzen Filmes – und ich weise nochmals auf die Bedeutung von Demolition Man für ihre kulturelle Weiterbildung hin – schaut sie beinahe die Hälfte der Zeit nur auf ihren Bauch. Schaut, wie unser Sohn sich durchzuboxen versucht. Immer wieder stupst sie mich an, ich solle doch auch mal gucken. Und wirklich schaue ich hin und sehe… nichts. Es scheint, als wolle der kleine Kerl mich jetzt schon verschaukeln. Ich sehe weg. Und wieder hin. Nichts. Na warte, wenn du rauskommst!

Am nächsten Tag kommt unsere liebe Fotografin, um den epischen Bauch, in dem Timmy wohnt, für uns und die Nachwelt festzuhalten. Erneut scheint die Wintersonne und lässt ein tolles Shooting im Garten zu. Zunächst wollte Isabelle den Termin sogar absagen. Angeblich wäre sie in ihrem Zustand nicht fotogen genug. Und sie hätte ja eh nichts anzuziehen. Doch ich beharrte auf dem Termin und nahm Isabelle in den Arm. Sagte ihr, dass so ein wunderbarer Bauch verewigt werden müsse. Dass so ein toller Bauch vielleicht nie wieder an ihr wachsen wird. Dass sie wunderschön sei und nicht fett und unansehnlich.
„Aber wir machen nicht so einen blöden Gipsabdruck! Wo sollen wir den denn aufhängen?“
Ich lache. So gefällt sie mir schon besser, meine Isabelle.

Woche 37 – Die Anmeldung

Nun ist es nicht mehr lange bis zum errechneten Geburtstermin. Wir haben beschlossen, uns jetzt auch offiziell bei jenem Krankenhaus anzumelden, das auf uns bereits bei der Infoveranstaltung einen guten Eindruck gemacht hatte. Isabelle und ich stehen also vor dem Kreißsaal, in dem unser Sohn das Licht der Welt erblicken wird. Doch zunächst stehen wir erst einmal vor einer Glastür, die sich nicht öffnen lässt. Man muss erst eine Klingel betätigen und dann warten. Ich hoffe mal, im akuten Fall gibt es hier so eine Art Not-Schalter. Nicht auszudenken, wenn man so kurz vor dem Ziel wäre und dann muss die jeweilige Dame ihr Kind im Sitzen bekommen, den Rücken an die kalte unbarmherzige Glastür gepresst.

„Kommst du?" reißt mich Isabelle aus meinem wirren Tagtraum. Eine junge und ganz niedliche Krankenschwesterschülerin hat uns die Tür geöffnet und bittet uns noch um einen Moment Geduld. Wir könnten jedoch schon das Aufnahmeformular ausfüllen. Auf ihrem Namensschild lese ich Janine Ella Schulz. Na toll, denke ich, da fährt man extra in eine Einrichtung, die voll mit Fachpersonal sein sollte, und dann wird man hier von einer Anfängerin betreut, deren Eltern sich nicht mal für einen Namen entscheiden konnten. Wir nehmen in einem Wartebereich Platz und füllen folgsam das Formular aus. Isabelle muss dafür unterschreiben, dass nichts und niemand im Krankenhaus etwas dafür kann, wenn irgendwas schiefgeht. So ähnlich jedenfalls klingen die Klauseln, mit denen sich das Krankenhaus absichert, falls etwas Unvorhergesehenes passieren sollte. Ich verstehe zwar den Sinn dahinter, habe aber zum ersten Mal in diesem Gebäude ein mulmiges Gefühl. Sind die hier wirklich auf alles vorbereitet? Oder sind das hier alles kleine Janine Ellas, die panisch mit den Armen fuchteln, wenn etwas Schlimmes geschieht?

„Schatz, komm!" Erneut muss Isabelle mich aus meinen Gedanken in die Realität zurückholen. Wir werden in eine Art Besprechungsraum gebeten, in der wir gegenüber von Janine Ella Platz nehmen. Die vermeintliche Schwesternschülerin entpuppt sich als ausgewachsene Hebamme. Kann die überhaupt Blut sehen? ertappe ich mich denken und schäme mich aufgrund meiner Vorurteile. „Hi, ich bin Ella!" sagt Janine. Na super, nicht nur ihre Eltern, auch sie selbst hat offenbar keine Ahnung, wie sie eigentlich heißt. „Sie möchten sich also für eine Geburt anmelden?" fragt die blonde Hebamme und lächelt. Ich entgegne in der mir eigenen höflichen Ernsthaftigkeit: „Nee, für ne Bauchspeicheldrüsen-OP!" und tätschele lachend Isabelles Bauch. Die kleine Ella scheint verwirrt. Gleich wird sie nach ihrer Mama rufen. Doch die kleine Ella ist tough. Sie grinst nur und geht mit Isabelle die offenen Fragen des Formulars durch. Vielleicht habe ich die Hebamme zu früh verurteilt. Ich wage einen neuen Anlauf. „Wie sieht's denn hier mit den Schmerzmitteln aus?" Ella antwortet professionell: „Nun, wir haben neben den üblichen

Mitteln noch Lachgas und die Möglichkeit einer PDA." Ich frage: „Lachgas? Bringt dit wat? Haste doch bestimmt schon mal ausprobiert." Die Kombination aus dieser infamen Unterstellung und dem ungefragten Duzen verwirrt die meisten Leute. Doch Ella grinst erneut und sagt: „Joa. In der Ausbildung. Knallt ziemlich." Ich mag die Hebamme. Ich bin sicher, die wird nicht armfuchtelnd weglaufen, wenn es ernst wird.

Wieder zuhause angekommen befolgen wir den Rat der Hebamme und packen den Koffer, der von nun an im Flur stehen wird – stets bereit, falls Timmy spontan beschließt, geboren zu werden. Kleidung, Utensilien des täglichen Gebrauchs, etwas zu essen und zu trinken für Wartezeiten und Notfälle sowie wichtige Formulare werden säuberlich verstaut. Isabelles Planungswut und ihr Wahn, immer gut vorbereitet zu sein, spielen meiner Tranigkeit in die Karten. Als sie beinahe mit dem Packen fertig ist, schlägt jedoch meine große Stunde. „Der Koffer ist zu klein. Hol den großen aus dem Keller!" befiehlt Isabelle mir und ich tue, was ich am besten kann. Ich trage. Den einen Koffer runter, den anderen rauf. Wieder oben angekommen sehe ich Isabelle etwas verträumt auf der Bettkante sitzen. Ich setze mich zu ihr und frage, was los sei. „Es ist bald soweit." sagt sie. „Bald bekommen wir ein Baby!" Dann küssen wir uns und halten uns ganz fest. Doch nur ein paar Sekunden. Isabelle muss schließlich noch einen Koffer packen.

Woche 38 – Grenzen

Isabelle kann nicht mehr. Die Schwangerschaft und viele andere Dinge drum herum nehmen sie arg mit. Es fällt mir schwer, sie so zu sehen. Ich möchte sie fröhlich sehen. Wie sie sich auf ihr Kind freut. Auf unser Kind. Doch stattdessen quält sie sich nur noch von Tag zu Tag.

Die Symphyse erschwert jede Bewegung. Die üblichen Wehwehchen, die wohl jede Schwangere kennt, machen das nicht leichter. An sich wäre es ja nicht so wild, nachts alle paar Stunden aufs Klo zu rennen. Doch wenn jeder Toilettengang eine Qual ist, allein schon das Aufstehen einer Everest-Besteigung gleicht, dann bekommt die gute alte Bettpfanne aus alten Zeiten eine nicht zu glaubende Attraktivität. Für mich als Mann ist es ein komisches Gefühl, meine Frau so zu sehen. Einerseits weiß ich um ihre Stärke und Kraft, doch andererseits sehe ich ihre offensichtliche Schwäche, die auch an ihrer Willenskraft zehrt. In und an meinem Körper hat sich nichts verändert, an und in ihrem so gut wie alles. Gott sei Dank habe ich meinen Humor nicht verloren. „Na, mein dickes Nilpferd!" begrüße ich Isabelle eines schönen Vormittags. „Wenn es nur so wäre. Ich bin eher ein behindertes dickes Nilpferd." Entgegnet sie und beweist, dass auch sie noch zu Humor fähig ist – auch wenn es nur Galgenhumor ist.

Wenn Isabelle nicht gerade liegt, sitzt sie auf einem dieser riesigen Gymnastikbälle, die an sich sehr spaßig sind, aber an Witz verlieren, wenn man auf ihnen sitzen muss, wenn nichts anderes mehr geht. Immerhin kann sie so am Laptop arbeiten oder, wie in diesem Moment, etwas online bestellen. Dieses Mal ist es ein Stützgurt, der helfen soll, die Symphysenschmerzen zu bändigen. Mehr könne man nicht tun, hatte die Frauenärztin gesagt. Da müsse Isabelle halt einfach durch. Und ich mit. Denn ich bin zwar schmerzfrei, trage aber nicht nur die zusätzliche Belastung, alles erledigen zu müssen, was irgendwie mit Bewegung zu tun hat, sondern muss auch Isabelle stützen, wenn sie sich mehr als drei Meter weit bewegen möchte. Das klingt für den neutralen Leser vielleicht profan, vielleicht sogar witzig. Doch das ist es nicht. Versucht doch mal, das zuhause nachzuspielen, nur einen Tag lang. Man stelle sich nun vor, wie es wäre, wenn das ein Dauerzustand bliebe. Ich habe größte Hochachtung vor allen Menschen, die einen geliebten Partner umsorgen, wenn dieser verletzt, krank oder sogar dauerhaft behindert ist. Ich glaube nicht, dass ich das so ohne weiteres könnte. Ich weiß, dass es Isabelle bald besser gehen wird. Doch ich weiß auch, wie sehr es mich stressen würde, wenn das nicht so wäre.

„Ich frage mich, wie Frauen das machen, wenn sie schon ein Kind haben." Isabelle wippt auf ihrem quietschenden Gymnastikball hin und her. „Das Tragen, das Heben, das Einkaufen, das Anziehen... Das wäre für mich jetzt schlicht nicht möglich."
„Nun," entgegne ich. „für solche Fälle gibt es ja diese

Haushaltshilfen." Isabelle antwortet trocken: „Die allerdings meine private Kasse nicht bezahlen würde. Und selbst wenn, die bleiben auch nicht den ganzen Tag." Die Frage nach einem zweiten Kind stellt sich interessanterweise bei vielen Paaren bereits in der Schwangerschaft. Vielleicht sind da wieder mal die Hormone schuld. Vielleicht liegt es auch daran, dass man zu viel Zeit zum Nachdenken hat oder sich dauernd über Kinder unterhält. Isabelle und ich lehnen ein zweites gemeinsames Kind nicht strikt ab. Doch die Eindrücke dieser eher schwierigen Schwangerschaft dämpfen unseren Enthusiasmus doch deutlich.

Isabelles Laune nähert sich dem Tiefpunkt. Vor sich hat sie nun den Laptop aufgeklappt und brütet über den ungemein komplizierten Antragsformularen für das Elterngeld. Abgesehen davon, dass unser Fall durch die Selbständigkeit sowieso schon nicht alltäglich ist, haben Neuerungen und Änderungen das Elterngeld nochmal komplizierter gemacht. Es scheint fast, als sollten die Eltern abgeschreckt werden und möglichst nur das Standard-Elterngeld beantragen. Dabei vergeudet man zwar einige Ansprüche, muss sich aber nicht durch verklausulierte Hilfstexte quälen. Während nun also Gewicht, Symphyse und Kreislauf an Isabelle zehren, wird sie auch noch dadurch genervt. Ich würde ihr das liebend gern abnehmen, aber der Einkauf wartet. Und die dreckige Küche. Und meine eigene Arbeit. Und die von Isabelle. Ich glaube, so langsam haben wir beide genug von der Schwangerschaft.

Isabelles Handy klingelt. Ihr Geschäftspartner teilt ihr mit, dass er unser Angebot nun doch nicht annehmen wird. Er fühle sich im Stich gelassen und hintergangen und müsse nun die Firma retten. Eine Nachfolgerin hätte er schon. Und Isabelle solle es nun nicht unnötig verkomplizieren und am besten ihre Anteile an ihn verkaufen. Isabelle legt auf. Sie klappt den Laptop zu, hinkt ins Bett und beginnt, leise zu weinen.

Woche 39 – Schmerzen und Ängste

„Ich wünsche mir eine ganz entspannte und natürliche Geburt, ohne Einleitung, ohne Schmerzmittel, ohne PDA. Und natürlich auch ohne sowas Fieses wie eine Saugglocke oder einen Dammschnitt." Isabelles Augen schwanken zwischen hoffnungsfroher Vorfreude und einem Schleier aus Ermattung und Verzweiflung. Ich kann ihren gerade geäußerten Wunsch nachvollziehen. Nach einer solch beschwerlichen Schwangerschaft darf doch dann wenigstens die Geburt entspannt, oder wenigstens halbwegs normal ablaufen. Doch noch haben wir es nicht ganz geschafft. Noch bleiben uns einige Tage, um uns mental darauf vorzubereiten. Einige Tage, die sich mehr als erhofft mit Angst und Bedenken füllen – wie so häufig, wenn Menschen auf ein bedeutendes Ereignis zusteuern und ihnen die Macht zur Ablenkung fehlt.

Isabelles größte Sorge ist eine Symphysensprengung, also ein fataler Riss, der sie dann monatelang ans Bett oder in den Rollstuhl fesseln würde. Das kommt zwar so gut wie nie vor, aber was bedeuten schon Wahrscheinlichkeiten nach all dem, was wir in nur zwei gemeinsamen Jahren bislang erlebt haben. Symphyse. Wenn ich dieses dämliche Wort noch einmal hören muss, dann raste ich aus. Doch natürlich werde ich es noch hören und sagen und denken. Und natürlich werde ich nicht ausrasten, sondern diese letzten paar Wochen mit Isabelle gemeinsam durchstehen. Isabelles Blick wird wieder trauriger. „Ich weiß nicht einmal, ob ich bei der Geburt überhaupt so mithelfen kann, wie ich müsste." sagt sie und fühlt sich wieder einmal unfähig und ungenügend. „Vielleicht sollten die im Krankenhaus einfach einen Kaiserschnitt machen und gut is…" Ich nehme meine Frau in den Arm und versuche, sie zu trösten. Doch auch ich bin müde. Müde von der Warterei, müde von der zusätzlichen Belastung. Ich bin dieser Schwangerschaft müde. Dabei bin ich nicht einmal schwanger. Wie muss es dann Isabelle gehen!?

Ein Kaiserschnitt kommt für uns nur als notwendige Maßnahme in Frage. Wir verurteilen niemanden, der diese Abkürzung aus freien Stücken wählt, doch wir wünschen uns eine möglichst normale Geburt. Isabelle fürchtet die Wehen und die Schmerzen nicht. Sie möchte nur, dass unser Sohn so kommt, wie die Natur es vorgesehen hat. Ähnliches gilt für eine mögliche Einleitung oder eine Periduralanästhesie. Beides darf erfolgen, wenn es nicht anders geht. Doch wenn möglich sollte es ohne diese Maßnahmen klappen. Besonders beim Thema PDA scheiden sich ja die Geister, wie ich nicht zuletzt aus den Forenbeiträgen aus Isabelles Handy weiß. Manche sehen darin ganz einfach eine Erleichterung und ein Mittel zur Schmerzbekämpfung. Für andere scheint es sowas wie Verrat am eigenen Kind zu sein. Als jemand, der sich beim Zahnarzt sogar eine Spritze geben lässt, wenn es nur um eine Terminvereinbarung geht, tendiere ich eher zu den PDA-Befürwortern, doch letztlich bleibt es Isabelles Körper und ihre Entscheidung. Die Mitbestimmung des Mannes hat auch für mich seine Grenzen.

Die Tage dehnen sich wie Gummi. Alles läuft nur noch auf diesen einen errechneten Geburtstermin hin. Noch exakt eine Woche. Der gepackte Koffer wartet immer noch geduldig im Flur. Isabelle hat ihn in den letzten Tagen ab und an öffnen müssen, da sie die letzten paar Kleidungsstücke, die ihr noch passen, im Alltag gebraucht hat, sie diese aber bereits in den Koffer gelegt hatte. Ich schiebe ihn beiseite, um im Flur staubsaugen zu können. Es tut nicht wirklich not, aber ich muss irgendetwas tun. Die Warterei nervt mich. Man könnte meinen, ich hätte genug zu tun mit all dem Arbeiten, Einkaufen, Kochen. Doch in Wahrheit läuft alles auf Sparflamme. Die zehrenden Wochen, in denen Isabelles Körper, aber unser beider Geist gelitten haben, machen sich in meinem Gemüt bemerkbar. Es ist schon erstaunlich, wie heftig so etwas Schönes wie Vorfreude von finsteren Gedanken überlagert werden kann. Ich schaue aus dem Küchenfenster. Eigentlich müsste es jetzt regnen. Tut es aber nicht.

„Weißt du was das Traurigste ist?" Isabelle stützt sich auf mich. Die sechs Schritte vom Bett zu mir in den Flur haben geschmerzt. „Statt mich auf die Geburt zu freuen, weil dann unser Sohn da ist, will ich nur noch, dass die Schmerzen aufhören. Dass ich mich wieder bewegen kann. Dass ich meinen Körper wieder für mich alleine habe.“ Ich will sie aufmuntern, sie in den Arm nehmen, ihr Kraft geben. Doch ich habe keine mehr. „Ich muss hier staubsaugen.“ Sage ich kalt und bereue es Sekundenbruchteile später. Isabelle geht zurück ins Bett. Dann beginnt es zu regnen.

Woche 40 – Sex auf Himbeerblättertee

Die Woche der Wahrheit ist gekommen. In dieser Woche kommt unser Timmy. Der Geburtstermin ist dick rot in unserem Küchenkalender markiert. Wir haben einen großartigen Küchenkalender, mit Erdmännchen drauf. Und wie zum Beweis findet sich im Monat März eine ganze Erdmännchenfamilie auf dem Foto. Wenn das kein gutes Omen ist. Ab jetzt gilt es also, alles dafür zu tun, die Wehen einzuleiten und damit Klein-Timmy etwas Feuer unter dem Hintern zu machen. Dank Isabelles Recherchequalitäten ist sie bestens vorbereitet und zieht alle Register.

Isabelle beginnt mit einer Maßnahme, die sie sich in den vergangenen Monaten häufig verkniffen hat, nämlich ein wohltuend heißes Bad. Angeblich lösen ja bestimmte, nein, eigentlich fast alle Öle, die so ein ordentliches Schaumbad enthalten kann, Wehen aus. Das und die Tatsache, dass Einstieg in und Ausstieg aus der Wanne heftige Schmerzen mit sich bringen, hielten Isabelle jüngst von häufigem Baden ab. Jetzt aber muss sie zumindest auf ersteres keine Rücksicht mehr nehmen und schüttet alles an ätherischen Ölen in die Wanne, was der Badschrank hergibt. Ich meine, im Eifer sogar Mundwasser und Augentropfen ins Badewasser fliegen zu sehen. Ich helfe Madame beim beschwerlichen Einstieg und genieße die gewonnene Freizeit an der Playstation.

Der nächste Punkt auf der Tagesordnung ist Himbeerblättertee. Genauestens den Anweisungen auf der Packung folgend kredenze ich Isabelle also einen Aufguss aus Unkraut und frage mich, wer vor vielen Jahren oder Jahrhunderten zuerst auf die Idee gekommen ist, sowas auszuprobieren. Stand da eine hochschwangere Frau auf dem mittelalterlichen Feld und dachte sich: „Hey, ein Himbeerstrauch! Bislang hab ich immer nur die Beeren gegessen, aber da es noch keine sauren Gurken im Glas gibt, könnt ich ja mal die Blätter vom Strauch futtern. Vielleicht mach ich mir auch nen Tee draus!?“ Ich rieche an dem Tee und beschließe, ihn nicht zu probieren. Wer weiß, welche Nebenwirkungen so ein Hausmittelchen auf jemanden hat, der weder schwanger noch grundsätzlich dazu in der Lage ist. Als Beilage zum Tee serviere ich eine bunte Auswahl Globuli. Globuli, das sind Zaubersprüche in Kugelform. Isabelle will offenbar nichts unversucht lassen.

Nach dem zweifelhaften Genuss von Tee und Kügelchen setzt sich Isabelle auf ihren liebgewonnenen Gymnastikball und hüpft auf und ab. Vorsichtig frage ich nach dem Grund dieser Aktion. „Das ist die einzige Bewegung, die ich ohne Schmerzen machen kann. Man soll ja spazieren gehen, sich bewegen, um die Wehen zu fördern. Das kann ich aber nicht. Also hüpfe ich.“ Ob das Sinn macht, kann ich nicht beantworten und tue auch gut daran, es nicht zu wagen. Obwohl Isabelle lächelt, weiß ich, wie nahe sie der Verzweiflung ist. Es soll jetzt einfach nur noch losgehen und sie will nichts unversucht lassen, auch wenn es noch so widersinnig oder nutzlos erscheint.

Kurz darauf steht sie auf und geht in die Küche. Offenbar gibt es noch weitere Tees, die wehenfördernd wirken. Jedenfalls höre ich erneut den Wasserkocher seine treue Arbeit verrichten. Isabelle trinkt noch einen Tee, dann noch einen. Aber ganz so eilig hat es unser Sohn dann doch nicht. Dürfte er eher von mir haben.

Wenige Tage später kommt unsere Hebamme uns erstmals zuhause besuchen, nachdem sie uns schon in der Frauenarztpraxis des Öfteren super betreut hat. „Wann soll er gleich nochmal kommen?" fragt sie nach, während sie im Mutterpass blättert. „Vorgestern." sagt Isabelle tonlos und nur ich weiß, wie schwer es ihr fällt, gegenüber der noch immer recht fremden Frau die Fassung zu wahren. Allen Hilfsmittelchen zum Trotz hat es bislang keine Wehen gegeben. Pünktlich zum errechneten Termin sind wir ins Krankenhaus gefahren, doch der dortige Wehenschreiber zeigte kein bisschen Aktivität, also mussten wir unverrichteter Dinge wieder nach Hause zurückkehren. Immerhin konnten wir mit der diensthabenden Ärztin aushandeln, dass wir nicht länger als vier Tage warten müssen, bevor wir zu einer möglichen Einleitung vorstellig werden dürfen. Die drohende Symphysensprengung machte aufgrund ihrer Seltenheit wohl auch den gestandenen Medizinern Angst.

Die Hebamme lächelt verständnisvoll. Ehrlich, aber doch mitfühlend gibt sie uns zu verstehen, dass die

Natur nun mal manchmal etwas sturköpfig sei. Wir sollten weiter unser Glück mit den Hausmittelchen versuchen und notfalls wirklich eine Einleitung in Betracht ziehen. Zum Abschied gibt sie uns noch einen weiteren Tipp, den wir zwar bereits kannten, aber noch nicht umgesetzt hatten.
„Geschlechtsverkehr.“ sagt sie professionell und ohne Augenzwinkern. Isabelle atmet spürbar aus. Das wird sie an diesem Abend noch häufiger tun.

Woche 41 – Die Geburt

„Wenn die uns wieder wegschicken, werde ich das nicht akzeptieren. Dann bleibe ich einfach da.“ Isabelle ist trotzig. Das ist sie selten und es beweist, wie sehr sie mit den Nerven an der Belastungsgrenze ist. Heute ist der vierte Tag nach dem errechneten Entbindungstermin und gemäß der Absprache mit der Ärztin machen wir uns auf in das Krankenhaus. Zwar wurde uns nicht garantiert, dass wir auch wirklich zur Einleitung dableiben können, doch mittlerweile ist uns alles egal. Einleitung, Kaiserschnitt, Drohgebärden gegen das Personal – uns ist alles recht. Zum Glück lässt man uns tatsächlich einziehen. Es ist also wirklich so weit. Timmy wird bald da sein.

Früher verstand man ja unter der Einleitung einer Geburt das Anschließen an einen sogenannten Wehentropf. Da wurde dann irgend so ein Teufelszeug eingetröpfelt und binnen weniger Stunden ging es meist los. Heute geht man die Sache allerdings etwas langsamer an und startet mit der Gabe eines Mittels gegen Magengeschwüre. Das hat sich interessanterweise nämlich auch zum Wehenauslösen bewährt, was ich befremdlich und faszinierend zugleich finde. Auch Isabelle bekommt zunächst eine geringe Dosis dieses Alleskönners, zusammen mit der Ansage, dass es nun sicherlich noch ein bis drei Tage dauert, bis sich überhaupt was regt. Das ist nun für meine generell wenig und in ihrem jetzigen Zustand noch weniger geduldige Verlobte keine akzeptable

Ansage. Doch für Gegenwehr fehlt ihr die Kraft und es mangelt auch an Alternativen. Was bleibt uns also übrig, als erneut und hoffentlich letztmalig zu warten!? „Fahr ruhig nach Hause und ruh dich noch etwas aus." Isabelle meint es so, wie sie es sagt. Sie braucht mich nicht jetzt, sondern dann, wenn es richtig losgeht. Und dann braucht sie mich fit. Wir spekulieren darauf, dass die Tabletten vermutlich frühestens am nächsten Nachmittag Wirkung zeigen. Ich verabschiede mich also und fühle mich bei aller Vernunft etwas mulmig, weil ich ausgerechnet in dieser Phase nicht eng bei ihr bin.

Obwohl ich vom Krankenhaus schnurstracks ins Büro gefahren bin, um wenigstens noch ein paar Euro zu verdienen, bevor ich in die Mini-Babypause gehe, schaffe ich nicht wirklich viel. Ich beende meinen Arbeitstag frühzeitig und sitze bald zuhause auf dem Sofa. Ich sauge die Stille in mich ein. Bald wird nichts mehr so sein, wie es mal war. Ich gehe langsam durch die Wohnung. Sehe das aufgebaute Babybett, die Wickelkommode. Ich fühle mich gleichzeitig allein und doch in einem Meer aus Wärme. Das hier wird bald das Zentrum der Welt sein. Ich lächle, obwohl es niemand sieht. Das Telefon klingelt. Isabelle. „Alles gut bei dir?" frage ich sie und meine es so wörtlich wie noch nie. Alles sei unverändert. Sie habe etwas geschlafen, etwas gelesen und sei nun erneut müde und wolle sich bis morgen verabschieden. Gleich bekäme sie nochmals das Magenmittel und dann wolle sie schlafen. Und sie vermisse mich, aber ich solle mich ruhig ausschlafen. Ich stimme ihr zu, auch wenn sich alles in mir dagegen sträubt, nicht bei ihr zu sein. Dann sage ich ihr, dass ich sie liebe und lege auf.

Es gibt für mich nur eine einzige Möglichkeit, mich von dieser aufregenden Situation abzulenken und mich dazu zu zwingen, nicht mehr aufgeregt zu sein, da es ja eigentlich noch gar nichts zum Aufregen gibt. Ich werfe also meine Playstation an und verpasse nacheinander Leverkusen, Schalke und dem HSV wohlverdiente Klatschen. Es ist mittlerweile fast 2 Uhr nachts. So langsam müsste ich dann mal ins Bett, wenn es mit dem Plan, sich auszuruhen, noch etwas werden soll. Ich lege mich in das verwaiste Doppelbett und atme Isabelles Duft ein, der in ihrer Bettwäsche schwebt. Ich lösche das Licht und versuche zu schlafen. Es gelingt mir nicht. Ich denke die ganze Zeit an Isabelle. Ich greife zum Handy und schreibe ihr eine Nachricht. Ich hoffe, dass sie sie lesen wird, aber gleichzeitig hoffe ich auch, dass das Summen ihres Telefons sie nicht weckt. „Ich kann nicht schlafen ohne dich." schreibe ich und drücke auf Senden. Dann schließe ich erneut die Augen und dämmere langsam weg. Ein Surren weckt mich wieder auf. Isabelle hat geantwortet: „Na, das passt ja ganz gut. Bei mir ist gerade die Fruchtblase geplatzt." Dahinter ein Smiley. Ein mit weißer Zahnreihe lachender Smiley. Mit D macht man den, glaube ich. Manche nennen das ja auch Emoticon. Aber… Moment mal… WAS?

Ich sitze kerzengerade im Bett und ringe um Fassung. Wie wo was? Fruchtblase geplatzt? Ich werde alles verpassen! Ich werde das wichtigste Ereignis in unserem gemeinsamen Familienleben verpassen! Mit zitternden Fingern tippe ich eine Antwort, statt einfach anzurufen. Mein Gehirn scheint auszusetzen. Ich schreibe: „Also fahr ich jetzt los???“ Isabelle antwortet zum Glück prompt: „Nein, alles ruhig sonst. Schlaf noch ein bisschen. Mach ich jetzt auch. Das kann noch ewig dauern. Ich ruf dich dann schon rechtzeitig an.“ Ich lege mich wieder hin, weiß aber, dass ich jetzt unmöglich werde schlafen können. Also springe ich auf, ziehe mich an und tue das, was Menschen wie ich mitten in der Nacht tun, wenn sie derartig aufgeschreckt werden. Ich mache mir etwas zu essen.

Frisch gestärkt hält mich jedoch nichts mehr in der Wohnung. Ich checke, ob ich wirklich alles Notwendige dabeihabe und zittere dabei aufgeregt wie ein Vierzehnjähriger vor dem ersten Date. Vielleicht liegt es auch an den drei Espressi, die ich noch hastig heruntergestürzt habe, bevor ich mich zum Aufbruch bereitmachte. Auf dem Weg zum Auto schwirren meine Gedanken wild umher. Wenn ich jetzt zum Krankenhaus fahre, dann raube ich Isabelle möglicherweise den dringend benötigten Schlaf. Außerdem brauche ich keine halbe Stunde bis zu ihr, vor allem nicht jetzt, mitten in der Nacht. Sollte ich doch wieder nach Hause gehen und schlafen? Ich beschließe, wieder ins Büro zu fahren und mich mit

Arbeit abzulenken. Tatsächlich schaffe ich in zwei Stunden mehr als je zuvor in dieser Zeitspanne. Schon erstaunlich, wozu man in Ausnahmesituationen so alles fähig ist.

Um exakt vier Uhr halte ich es nicht mehr aus. Ich muss jetzt zu Isabelle. Als ich ankomme, schläft sie noch, wird aber durch meine Ankunft wie befürchtet wach. „Schön, dass du da bist.“ sagt sie und grinst dabei übertrieben. „Alles in Ordnung mit dir?“ frage ich. „Ja, hehe, die Hebamme hat mir irgendwas gegeben. Das macht mich irgendwie high.“ Ich muss laut lachen. Offenbar ist Isabelle hier auch ohne mich in guten Händen gewesen. Dann lege ich mich neben sie und wir schlafen noch ein wenig. Endlich bin ich bei ihr. Endlich kann ich sie wieder berühren, den Duft ihrer Haare in mich aufsaugen und ihr beim Atmen zuhören. Es mag verwunderlich wirken, doch noch nie habe ich einen Menschen so unmittelbar vermisst wie sie in den wenigen Stunden, die ich nicht bei ihr war. Jetzt heißt es für mich, ihr beizustehen und dabei möglichst keine Fehler zu machen. Das soll, so habe ich mir sagen lassen, für einen Mann im Kreißsaal gar nicht so einfach sein.

Als wir aufwachen scheint bereits die Frühjahrssonne in das Zimmer des Kreißsaals. Ich recke mich und will mich gerade zu Isabelle hinüberbeugen, als mich ein deutliches Würgen von dieser Geste abhält. Isabelle muss sich übergeben. Dieses eine Mal und auch noch viele weitere Male im Verlauf der nächsten Stunden.

Es scheint sich dabei um eine Nebenwirkung des Wehenmittels zu handeln, das ihren eh schon arg angeschlagenen Kreislauf zum Erliegen bringt. Immerhin sorgte jenes Mittel aber auch dafür, dass Isabelle nun wirklich spürbare Wehen hat, die ihr zusätzliche Schmerzen bereiten. Eine wahrlich bemitleidenswerte Kombination.

Aufgrund des Flüssigkeitsverlustes wird ihr ein Tropf gelegt. Verglichen mit dem, was Isabelle zuhause bereits erleiden musste, folgt hier nun die kaum mehr für möglich gehaltene Steigerung. Zusätzlich zu den schmerzhaften Wehen muss sie beinahe im Zehn-Minuten-Takt erbrechen und es ist meine Pflicht, ihr dabei zur Seite zu stehen, auch wenn es nur darum geht, ihr ein Tuch zu reichen. Doch ich empfinde es nicht als Pflicht. Ich tue es gern, auch wenn es ihr unangenehm ist. Das Einzige, was mich wirklich stört, ist die Hilflosigkeit. Ihre und meine gleichermaßen. Dann bringt eine Schwester einen Einlauf. Das müsse jetzt gemacht werden. Mit leeren Augen sieht Isabelle mich an. Durchhalten, mein Engel, durchhalten.

Die geräumige Badewanne des Kreißsaals ist ein Silberstreif der Hoffnung am Horizont. Isabelle liegt nun schon seit fast zwei Stunden im warmen Wasser und fühlt sich offenbar so wohl wie den ganzen Tag noch nicht – was allerdings angesichts der letzten Stunden auch nicht schwer sein dürfte. Zwar setzen ihr die Wehen auch in der Wanne zu, aber wenigstens erholt sich ihr Kreislauf und sogar ein Schluck Wasser bleibt ihrem Körper erhalten. Zwischendurch kommt eine der Hebammen und erfühlt, wie weit sich der Muttermund bereits geöffnet hat. „Erst etwa vier Zentimeter.“ sagt sie. „Das kann noch lange dauern.“ Ich sitze neben ihr auf einem Stuhl und versuche, mir mit ihr die Zeit zu vertreiben. Lasse warmes Wasser nachlaufen, reiche ihr ein Handtuch, bin einfach da. Isabelle lässt sich im warmen Wasser treiben und schließt die Augen.

Ich stehe auf und gehe ein paar Schritte auf dem Flur umher. Am Ende des Flurs höre ich ein Kreischen. Offenbar liegt hier eine Frau bereits in weitaus heftigeren Wehen. Sie schreit und flucht. Vielleicht hätte ich mich früher darüber lustig gemacht oder sie dafür verurteilt, dass sie so übertrieben kreischt. Doch hier und heute halte ich alles für angemessen, was jede beliebige Schwangere der Welt für nötig erachtet. Vielleicht schreit Isabelle bald auch, vielleicht nicht. Was macht das für einen Unterschied? Vor der Tür der Schreienden geht eine ältere Dame auf und ab. Ich vermute, es ist die werdende Oma, die aus Anstand oder sonsteinem Grund lieber draußen bleibt. Ich lächle ihr zu. Sie lächelt zurück. Dann wird es still hinter der geschlossenen Zimmertür. Dann hören wir ein leises Babyschreien. Dann etwas lauter. Die ältere Dame dreht sich um und schaut aus dem Fenster. An der Bewegung ihrer Schultern sehe ich, dass sie weint. Ich lasse sie allein zurück und gehe zurück zu Isabelle.

Irgendwann muss auch das längste Bad ein Ende haben. Isabelle sträubt sich zwar, gibt aber dann doch nach und macht die Wanne frei für die nächste Gebeutelte. Auf dem Weg zurück ins Zimmer sehen wir, dass es wohl gerade einen Schichtwechsel geben muss. Die Hebamme, die gerade bemerkte, dass es noch lange dauern könnte, macht Feierabend und lässt alle Probleme der werdenden Eltern hinter sich. Doch als ich sehe, wer sie ersetzt, schöpfe ich aus irgendeinem Grund neue Hoffnung. Es ist Ella! Janine Ella! Das Mädchen mit dem Lachgas! Fröhlich lächelt sie uns zu und winkt, als würden wir uns schon ewig kennen und als wäre das hier keine beschwerliche Geburt, sondern eine Party, die langsam anläuft und bald so richtig losgeht. Ich bringe Isabelle auf ihr Zimmer und gehe zum Schwesternzimmer, um Ella zu begrüßen. „Wie heißt du denn nun eigentlich? Ella oder Janine?" frage ich und meine es ehrlicher als sie es auffasst. „Egal," meint sie. „ich höre auf alles." Ich lache. „Alles? Okay, Gabi, dann hilf uns mal dabei, diesen Bengel auf die Welt zu bekomme!"

Es geht nicht mehr. Die Schmerzen werden immer unerträglicher. Der steigende Druck, den unser Sohn bei seiner Reise durch das Becken meiner Frau aufbaut, drückt derartig auf die Symphyse, dass nur eine PDA Abhilfe schaffen kann. Es sind also nicht einmal die Wehenschmerzen, die Isabelle zur PDA zwingen, sondern ihre verfluchte Symphyse. Sollte ich je reich werden, richte ich einen Fonds zur Erforschung dieses unbeachteten Körperteils ein, mit dem Ziel, ihn durch einen künstlichen Super-Knorpel zu ersetzen, den jede Schwangere prophylaktisch eingesetzt bekommt. Ella ruft den diensthabenden Anästhesisten und bringt uns in den eigentlichen Kreißsaal, in dessen Mitte jener ominöse Stuhl steht, aus dem Isabelle so schnell nicht mehr aufstehen sollte. Der Fachmann für den modernen Holzhammer erklärt uns die Wirkungsweise der Periduralanästhesie und erläutert ruhig jeden Schritt, den er an und hinter Isabelles Rücken ausführt. Seine professionelle und dennoch warme Art beruhigt uns. Isabelle sagt, sie spüre den Stich kaum und selbst wenn, wäre es ihr auch egal. Die PDA ist gelegt und der Arzt verschwindet in den OP. Ella sagt, es dauere nun nur noch wenige Minuten, dann dürfte es wesentlich besser sein. „Na, wenn du das sagst, Monika.“ scherze ich, schaffe es aber nicht, die zierliche Ella aus der Fassung zu bringen. Dieses Mädel kann einfach nur lächeln. Isabelle hingegen noch immer nicht. Irgendetwas stimmt doch da nicht.

Tatsächlich stellt sich heraus, dass die PDA nicht wirkt. Sie wurde einfach nicht an der richtigen Stelle platziert. Das komme vor, sagt der zurückgeeilte Anästhesist und entschuldigte sich. Man müsse eben immer auch ein wenig schätzen, wo man den Katheter setzt, denn sehen könne man das nicht. Obwohl seine Erklärung einleuchtet und ich im Normalfall Ehrlichkeit und das Zugeben von Fehlern schätze, bin ich leicht ungehalten. Vielleicht liegt es an meiner erneuten Hilflosigkeit. Vielleicht auch an meinem großen Hunger, der sich jetzt verstärkt bemerkbar macht. Hatte die Fahrlässigkeit des Arztes meine Isabelle vielleicht unnötig weiterleiden lassen? Doch ich unterdrücke meine unangebrachte und vor allem nutzlose Wut und vertraue darauf, dass es diesmal klappt. Erneut durchsticht der Anästhesist den Rücken meiner Frau. Erneut weist Ella auf die Wartezeit bis zur Wirkung hin. Und erneut warten wir. Dann hellt sich das Gesicht meiner wunderschönen Frau auf. Die PDA wirkt. Halleluja! Isabelle lächelt und wirkt das erste Mal seit langer Zeit regelrecht entspannt. Und ich tue das, was ich jetzt am meisten möchte. Ich gehe einen Döner essen.

Wenige Gehminuten vom Krankenhaus entfernt gibt es einen Dönerstand. Das beweist, dass wir trotz der eher abgelegenen Lage der Einrichtung immer noch in Berlin sind. Obwohl der Döner bestenfalls mittelmäßig ist, genieße ich diese einfache Mahlzeit in vollen Zügen und auf einer rot lackierten Parkbank. Dazu genehmige ich mir einen fensterbankgekühlten Energydrink, denn schließlich wird die Nacht noch lang werden. Ich blicke hinauf zu der Kapelle, in der wir damals den Infoabend besuchten. Ich fixiere das Kreuz. Ich bin kein gläubiger Mensch, noch weniger ein religiöser. Trotzdem gibt das Kreuz mir ein warmes Gefühl. Wäre das hier ein normaler Tag, würde ich dieses Gefühl vielleicht nicht haben. Und wenn ich es hätte, würde ich es ableiten von der christlich geprägten Kultur Europas und der unterbewussten Wahrnehmung gewisser Symboliken.

Doch hier und heute ist mir diese Rationalität fern. Ich blicke auf das Kreuz und fühle, dass alles gut werden wird. Vielleicht will ich es auch nur fühlen. Vielleicht hätte ich genauso ein Tankstellenschild anstarren können oder den Dönerspieß eben. Wie auch immer. Ich weiß einfach, dass heute Nacht mein Sohn gesund und munter zur Welt kommen wird.

„Na, hat's geschmeckt?" Ella strahlt mich an. „Ging so." sage ich wahrheitsgemäß und frage dann, wie lange sie denn heute Dienst hat. „Sie schaut demonstrativ auf die große Wanduhr im Krankenhausflur und antwortet: „Bis halb elf." Dann blickt sie mich fröhlich an. „Das schaffen wir!" „Wenn du das sagst, Yvonne." Wer zum Teufel hat uns nur diesen Engel geschickt? Wieder bei Isabelle im Kreißsaal sehe ich mit großer Freude, dass die PDA offenbar hält, was sie verspricht. Isabelle lacht und scherzt und kann sich im Rahmen ihrer Möglichkeiten sogar halbwegs selbständig zur Toilette bewegen. „Stell dir vor, ich hab fast einen halben Becher Wasser getrunken und es ist alles drin geblieben!" strahlt sie mich an. Wie bedeutend doch so profane Kleinigkeiten in gewissen Momenten sein können. Plötzlich verzieht Isabelle das Gesicht. Irgendetwas sei komisch. Es fühle sich so seltsam an da unten. Ich rufe nach Ella. Isabelle beschreibt ihre Symptome. Ella zieht sich einen dieser Einmal-Gummihandschuhe über und tastet. Sie runzelt die Stirn. Warum tut sie das? Warum runzelt Ella die Stirn? Ausgerechnet sie! Sie sollte nicht runzeln! Ich werde unruhig. Dann setzt die Hebamme ihr breitestes Grinsen auf. „Tah! Ist komplett offen der Muttermund. Ich hol mal die Ärztin." Innerhalb von nur etwa einer Stunde hatte sich Isabelles Körper auf die Geburt eingestellt. Vielleicht lag es an der PDA, vielleicht am mittlerweile angeschlossenen Wehentropf. Vielleicht lag es aber auch ein kleines bisschen an Ella, die unbedingt noch unseren Timmy vor ihrem Feierabend sehen will.

Ich bin ein wenig erstaunt, wie wenig Menschen man dann doch braucht, um ein Kind auf die Welt zu bringen. Bei meinem Lottchen musste es damals ein Kaiserschnitt sein und der Raum war voll mit Menschen in grünen OP-Kitteln und Maschinen, die pumpten und maßen und sonderbar piepten. Doch hier und heute sind nur eine keuchende Isabelle, eine eher gelangweilt wirkende Ärztin, die ewig lächelnde Ella und ein völlig unnütz wirkender großer Typ anwesend. Isabelle presst. Das war es, was sie sich gewünscht hatte. Mitzuhelfen, wenn Timmy kommen würde. Die Anstrengung ist ihr eher anzusehen als anzuhören. Sie schreit nicht. Es mag die PDA sein, doch ich glaube, Isabelle hätte auch so nicht geschrien. Es passt nicht zu ihr. Ich halte ihre Hand, versuche, nicht im Weg zu sein. Sanft streichle ich ihr Haar, halte ihren Kopf und flüstere nur ab und an einzelne Worte. Auf keinen Fall würde ich auf die Idee kommen, ihr Anweisungen zu geben oder sie anzufeuern oder so etwas. Männer, die so etwas tun, können vielleicht auf temporäre

Unzurechnungsfähigkeit plädieren, aber das macht diese Art von Fehlverhalten nicht wirklich erträglicher für deren Frauen. Aber was maße ich mir an? Und was interessiert es mich? Hier geht es jetzt nur um Isabelle und unseren Sohn. „Dem Kleinen geht es prächtig. Herztöne sind super." sagt Ella und lächelt mal wieder. Die Ärztin hingegen macht den Eindruck, als fühle sie sich ein wenig unterfordert. Offenbar geht nun endlich einmal alles glatt. Nach dieser unfassbar anstrengenden Schwangerschaft, dieser endlosen Warterei auf den Start der Geburt und diese zähen, schmerzerfüllten Stunden im Kreißsaal scheint es nun endlich einfach nur glatt zu gehen. Gepriesen seien die moderne Medizin, der mittelmäßige Döner und das Kreuz an der Kapelle! Es geht alles glatt.

Der Kopf passt nicht durch! Isabelle presst nun schon zum x-ten Male, doch der Kopf unseres Sohnes will einfach nicht ans Licht der Welt. Man kann ihn schon sehen, kann erkennen, wie dicht und dunkel sein Kopfhaar ist. Doch immer wieder zieht er sich gequält zurück. Die Ärztin wirkt nun viel aktiver und geschäftiger. Das macht mir Sorgen. „Einmal noch, dann haben wir es geschafft!" sagt sie zu Isabelle. Doch sie sagt es nun schon zum vierten Mal. Beim folgenden Anlauf drückt die Ärztin von oben mit, wirft sich mit aller Kraft auf Isabelles Bauch. Doch der Kleine schiebt sich einfach nicht nach draußen. Isabelles Kraft ist am Ende. Ich spüre mich unruhig werden, lasse mir aber nichts anmerken, weil ich Isabelle nicht verängstigen möchte. Das kann doch jetzt nicht wahr sein! Da bleibt der Knilch extra ein paar Tage länger im Hotel Mama wohnen und saugt sich voll und jetzt passt seine Rübe nicht durch!

Ich drücke Isabelles Hand bei jedem Versuch noch etwas fester. Ihre Fingernägel bohren sich in meinen Handrücken. Sie stöhnt unter Schmerz und Anstrengung. Verfluchter Dickschädel! Komm jetzt da raus, damit wir dich lieben können. Bitte! Die Ärztin nimmt eine dieser berüchtigten Saugglocken zur Hilfe, bricht aber auch diese Maßnahme nach zwei Versuchen ab. Auch Ella ist voll konzentriert, schafft es aber dennoch, uns anzulächeln. Leise sage ich: „Danke, Emily." und lächle zurück. Im selben Moment sagt sie kaum hörbar zur Ärztin: „Herztöne werden kritisch." Wie kann sie so etwas sagen? Nichts darf hier kritisch sein! Schmerzen, Schlafmangel und mittelmäßige Döner sind die eine Sache, aber mit Timmy muss alles in Ordnung sein. Das war es bisher immer…

Meine Hand umklammert Isabelles Hand, wir suchen einander und Halt aneinander. Dann sehe ich die Ärztin mit etwas hantieren, dass wie eine Geflügelschere aussieht und sich wohl auch gleich so anfühlen wird. Ich weiß nicht, ob Isabelle es nicht mitbekommt, was die Ärztin vorhat oder ob es ihr egal ist. Mir jedenfalls ist es egal. Sie muss Timmy retten. Er muss da heraus. Sofort! Die Ärztin fordert Isabelle zum Pressen auf. Ein letztes Mal. Jetzt aber wirklich. Ich sehe das dicht behaarte Köpfchen, wenig später die Schultern, dann den Rest meines Sohnes. Die Ärztin legt das nur leise wimmernde Baby auf Isabelles Brust. Ich hocke mich zu ihnen. Wir sind uns ganz nah. Willkommen, kleiner Timmy.

Ich danke allen, die dabei mitgeholfen haben, dass dieses Buch entstehen konnte. Allen voran danke ich meiner geliebten Verlobten für buchstäblich alles alles alles. Danke auch an die Leser meiner Online-Kurzgeschichten, deren Lob mir den nötigen Antrieb gab sowie an Yvonne für die Freigabe des Titelfotos. Einen besonderen Dank aber auch an alle, die dafür gesorgt haben, dass unser Sohn gesund und munter zur Welt kommen konnte.

Hat Dir das Buch gefallen?

Dann freue ich mich besonders über neue Fans auf meiner Facebook-Seite: facebook.com/ichbindernagel sowie Besucher auf meiner Website: thomasbindernagel.de und natürlich über jede wohlwollende Rezension auf amazon.de.

15458043R00100

Printed in Poland
by Amazon Fulfillment
Poland Sp. z o.o., Wrocław